David Wohlhart – Michael Scharnreitner – Elisa Kleißner

EINS PLUS

Mathematik für die 2. Klasse der Volksschule

Erarbeitungsteil

HELBLING

Inhaltsverzeichnis

PHASE 1

Wiederholung: Inhalte der ersten Klasse

Zahlenraum 100

Einfache Plus- und Minusaufgaben im Zahlenraum 100

Geometrische Figuren, Symmetrie

Sachrechnen und Modellieren

PHASE 2

Plusrechnen mit Zehnerüberschreitung, Minusrechnen mit Zehnerunterschreitung

Malrechnen und Teilen

Geometrische Rätsel

Rechnen mit Geld

Inhaltsverzeichnis

PHASE 3

Messungsaufgaben

Uhr, Zeitpunkt, Zeitdauer

Lineal, Zentimeter

Rechenstrategien zum Plus-, Minus- und Malrechnen

Daten, Tabellen und Schaubilder

PHASE 4

Schätzen, Zahlenstrahl

Mathematische Skizzen

Wägen: kg, dag
Größen: Liter

Geometrische Körper

Rechnen und Modellieren

Mein Mathematikbuch

Was die Zeichen bedeuten:

★	Denke besonders gut nach.
	Arbeite im Heft.
	Übe regelmäßig.
	Lerne wichtige mathematische Wörter.

1. Das war die erste Klasse

1 In der ersten Klasse hast du schon viel in Mathematik gelernt.
Schreibe auf, woran du dich noch erinnern kannst!

CD2-1

Wiederholung: Bereiche der Mathematik
1) Abenteuergeschichte
Partner- oder Gruppenarbeit

1. Das war die erste Klasse

1 Zähle vorwärts und rückwärts.

- Welche Zahl kommt nach 22?
- Welche Farbe hätte die Zahl 25?

2 Schreibe die Nachbarzahlen.

4 5 | 10 | 14

3 Zähle in Zweierschritten bis 20.

0 1 2 3 4 5 6 7 8 9 10 11 12 …

Bleib in Form!

4 Auf einen Blick: Welche Zahlen sind hier dargestellt?

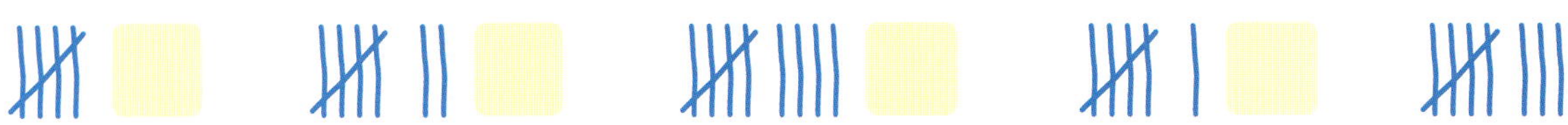

Wiederholung Zahlenraum 20
2) Weiterführung: Partnerarbeit: Ein Kind nennt eine Zahl, das andere Kind sagt die Nachbarzahlen, Rollenwechsel, Spielvarianten
3) Weiterführung: Kinder zählen rückwärts in Schritten; Erweiterung des Zahlenraums
4) Der Abschnitt „Bleib in Form!" greift hier und auf jeder zweiten folgenden Seite grundlegende Fähigkeiten und Fertigkeiten wieder auf, die langfristig geübt werden sollen.

1. Das war die erste Klasse

1 Schreibe die Zahlen mit Strichen.

1: ______ 5: ______ 9: ______ 12: ______

2: ______ 7: ______ 10: ______ 15: ______

2 Frage die Kinder deiner Klasse, was sie in den Ferien am liebsten getan haben.
Erstelle eine Strichliste.

Fußball spielen	lesen	wandern	schwimmen	Eis essen

Was haben die Kinder am liebsten getan? ______

Was haben sie am wenigsten gern getan? ______

3 Frage die Kinder deiner Klasse, worauf sie sich im Herbst freuen.
Erstelle eine Strichliste.

musizieren	Halloween	Ball spielen	Rad fahren	Drachen steigen

Worauf freuen sich die Kinder am meisten? ______

Worauf freuen sie sich am wenigsten? ______

Wiederholung: Strichnotation, Daten sammeln
2) 3) Vorschläge für weitere Umfragen und die Darstellung der Ergebnisse

1. Das war die erste Klasse

1 Lege auf verschiedene Arten und schreibe eine Plusrechnung.

4 + 4 =

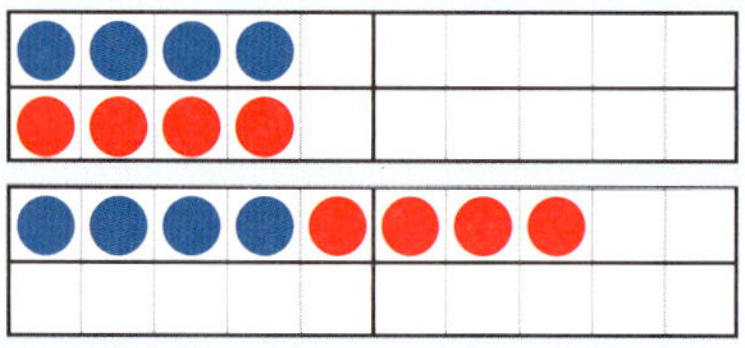

6 + 6 =
8 + 8 =
7 + 7 =

3 + 3 =
9 + 9 =
5 + 5 =

Plusrechnung, Zwanzigerfeld, verdoppeln

2 Rechne.

8 + 6 =	6 + 8 =	9 + 3 =
7 + 4 =	5 + 7 =	7 + 6 =
9 + 5 =	5 + 6 =	8 + 4 =
6 + 7 =	9 + 4 =	5 + 8 =

3 Rechne und bilde die Tauschaufgabe.
Welche Aufgabe ist leichter?

11 + 6 = 17
6 + 11 = 17

2 + 14 =

Tauschaufgabe

5 + 14 =

13 + 6 =

3 + 12 =

Bleib in Form!

4 Welche Zahlen sind hier dargestellt?

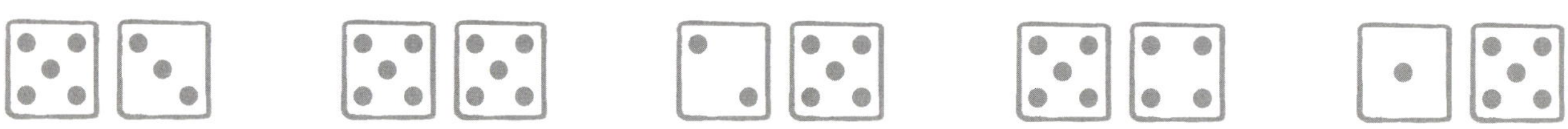

Wiederholung: Plusrechnung über den Zehner, Tauschaufgaben
1) Die Kinder verwenden die Legeplättchen aus den Stanzbögen.
2) Die Kinder beschreiben, wie sie rechnen (Rasten beim Zehner, Nachbaraufgaben, ...)
2) 3) Unterstützung durch Legeplättchen falls nötig.

1. Das war die erste Klasse

1 Lege, streiche durch und rechne.

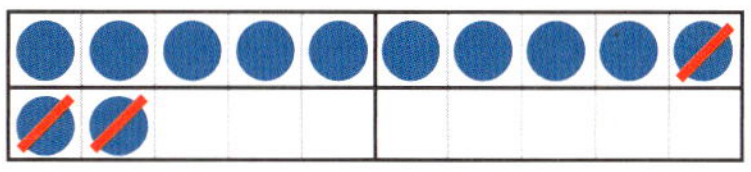

12 - 3 = ☐

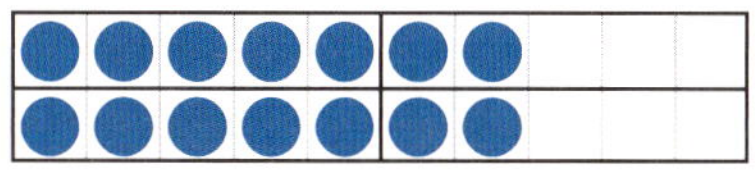

14 - 4 = ☐

Minusrechnung, wegnehmen

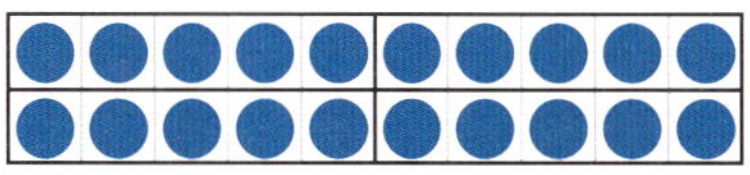

20 - 1 = ☐

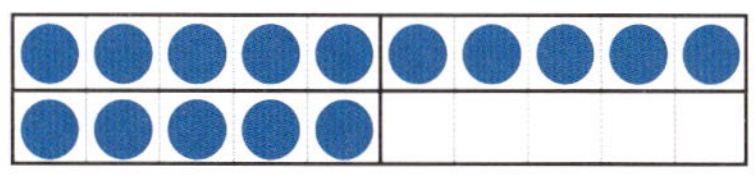

15 - 4 = ☐

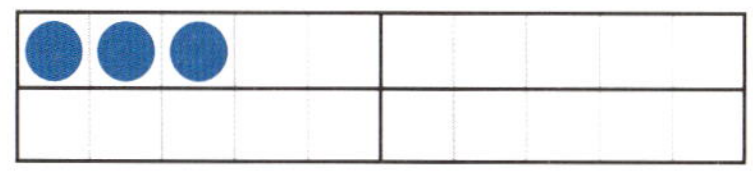

3 - 3 = ☐

2 Rechne.

11 - 4 = ☐	13 - 5 = ☐	14 - 7 = ☐
12 - 6 = ☐	16 - 9 = ☐	15 - 9 = ☐
14 - 5 = ☐	12 - 4 = ☐	11 - 8 = ☐

3 Rechne und kontrolliere mit der Umkehraufgabe.

Umkehraufgabe

8 - 5 = ☐, weil ☐ + 5 = 8

10 - 3 = ☐, weil ☐ + 3 = 10

15 - 9 = ☐, weil ☐ + ☐ = ☐

11 - 4 = ☐, weil ☐

13 - 6 = ☐, weil ☐

4 Drei Zahlen, vier Aufgaben.

a) 8 6 14

8 + 6 = 14
6 + 8 = 14
14 - 6 = 8
14 - 8 = 6

b) 10 9 19

c) 7 11 4

d) 9 8 17

e) 12 8 20

f) Finde weitere Aufgaben.

Wiederholung: Minusrechnung unter den Zehner, Umkehraufgaben
2) Unterstützung durch Legematerial falls nötig.
4) Die Kinder bilden aus den vorgegebenen Zahlen jeweils zwei Plusaufgaben und zwei Minusaufgaben. Sie verwenden Tausch- und Umkehraufgaben.

1. Das war die erste Klasse

1 Welche geometrischen Figuren erkennst du?
Zähle sie und schreibe die Zahlen in die Tabelle.

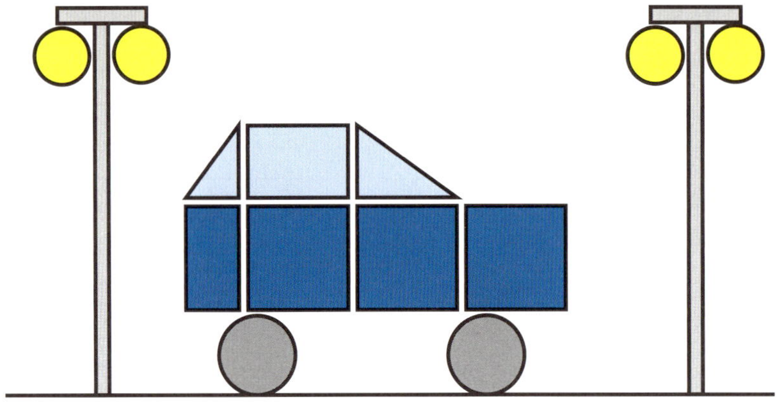

Kreis,
Dreieck,
Viereck

○	△	□

2 Gestalte ein Auto aus Vierecken, Dreiecken und Kreisen.
Kreise kannst du mit Hilfe einer Münze zeichnen.

3 Wie viel Cent sind das?

4 Ergänze immer auf einen Euro.

★

50c + ___ = 1€	___ + 10c = 1€	30c + ___ = 1€
70c + ___ = 1€	___ + 40c = 1€	80c + ___ = 1€

€ Euro
c Cent
1 € = 100 c

Bleib in Form!

5 Zeichne die Musterzeile mit Strichmännchen fertig.

Wiederholung: geometrische Figuren, Euro und Cent

2. Zahlen bis 100

1 Wie viele Sterne sind auf der Tafel?

CD2-2

2 Spiel:

> Komm mit einem zweiten Kind an die Tafel.
> Bei „Los!" habt ihr 20 Sekunden Zeit.
> Zeichnet so viele Sterne wie möglich!
>
> Wie viele Sterne habt ihr gezeichnet?
> Kreist beim Zählen immer 10 Sterne ein.
>
> Löscht die Tafel, bevor die nächsten Kinder an der Reihe sind.

Z … Zehner
E … Einer

3 Wie viele Kastanien haben die Kinder gesammelt?

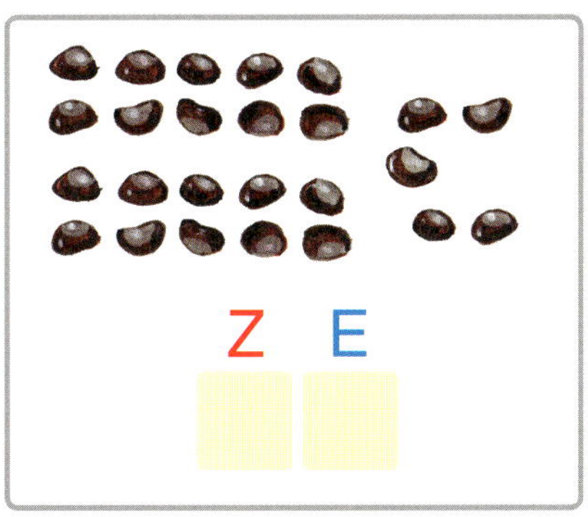

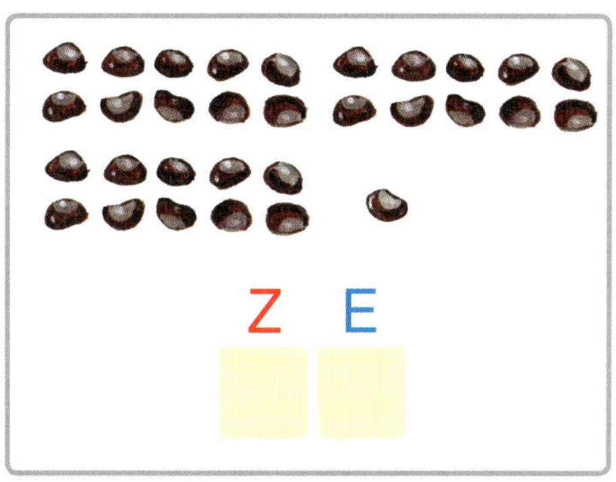

Erweiterung des Zahlenraums, Zehnerbündelung
1) Abenteuergeschichte
2) Differenzierung: Die Zeit zum Zeichnen der Sterne kann verkürzt oder verlängert werden.
3) Weiterführung: Die Kinder zählen Material in der Klasse (Kastanien, Steine, Legeplättchen, …)

2. Zahlen bis 100

1 Wie viele Plättchen?

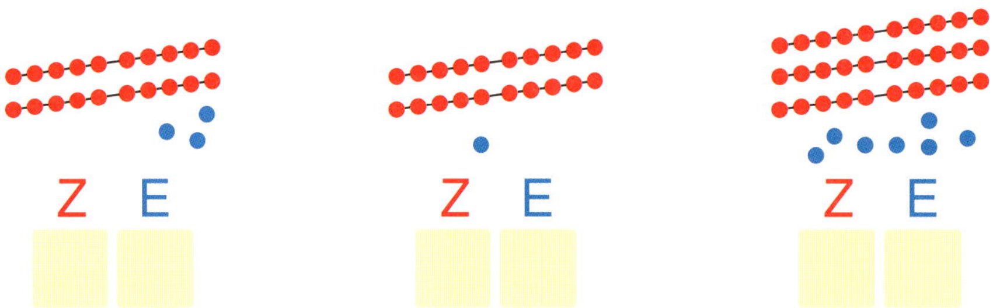

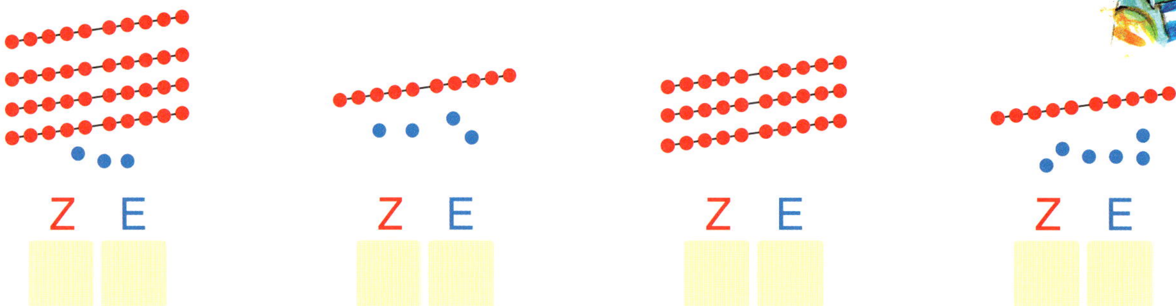

2 Lege, sprich und schreibe die Zehnerzahlen.

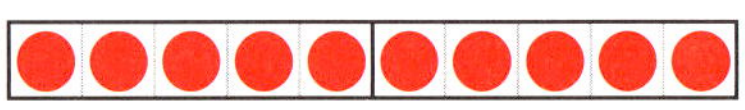

Z E 1 0 zehn	Z E zwanzig	Z E dreißig	Z E vierzig	Z E fünzig
Z E sechzig	Z E siebzig	Z E achtzig	Z E neunzig	100 hundert

Bleib in Form!

3 Rechne.

5 + 5 = ___   6 + 6 = ___   3 + 3 = ___   7 + 7 = ___

9 + 9 = ___   10 + 10 = ___   8 + 8 = ___   4 + 4 = ___

Zahlenraum 100: Dezimalsystem

1) Weiterführung: Die Kinder legen abwechselnd eine Zahl und schreiben sie auf.

2. Zahlen bis 100

1 Lege die Zahlen nach und schreibe sie.

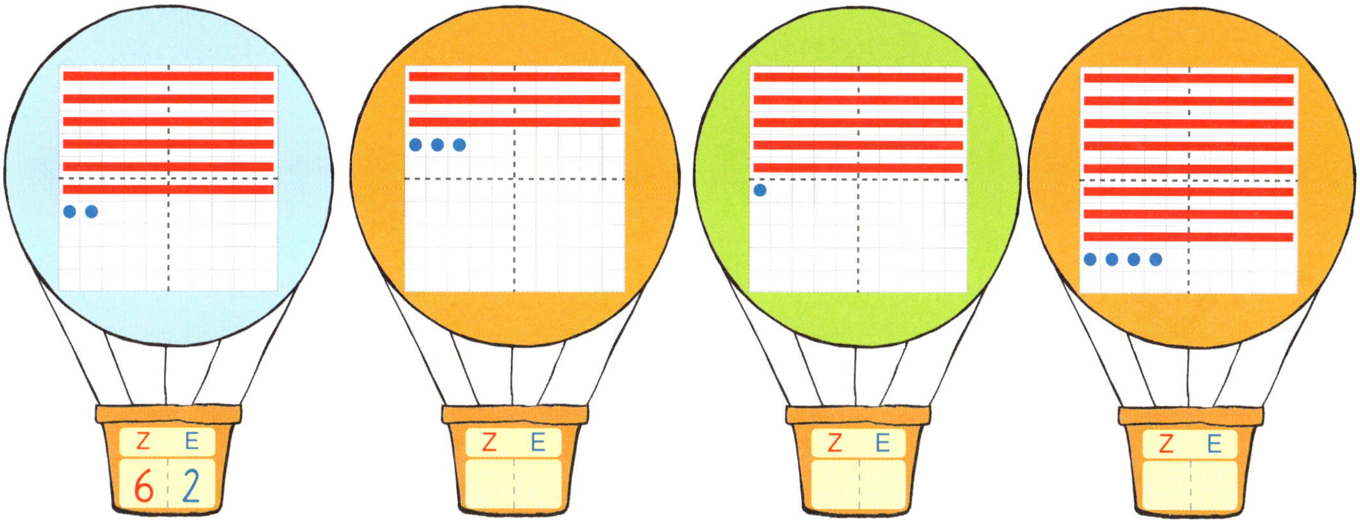

2 Zeichne die Zehner und die Einer.

3 Stelle die Zahlen in deinem Heft dar.

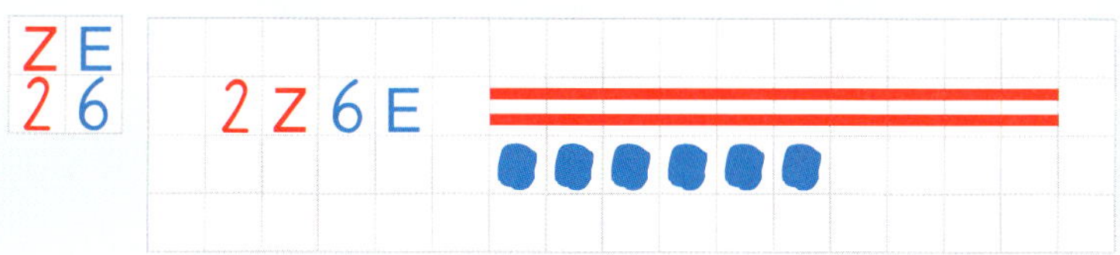

Z E 8 5 | Z E 7 8 | Z E 5 2 | Z E 9 7 | Z E 6 9 | Z E 8 3 | Z E 9 6

Zahlenraum 100: Darstellung

3) Weiterführung: L sagt eine Zahl an, die Kinder schreiben sie ins Heft und stellen sie mit Zehnerstrichen und Einerpunkten dar.

2. Zahlen bis 100

1 Zerlege die Zahlen in Zehner und Einer.

25 = 2 Z + 5 E 31 = Z + E 96 = Z + E

42 = Z + E 87 = Z + E 59 = Z + E

53 = Z + E 64 = Z + E 72 = Z + E

2 Zerlege die Zahlen.

36 = 30 + 6 58 = 63 =

81 = 29 = 91 =

35 = 75 = 42 =

3 Spiel: Zeige die Zahl!

Höre zu.
Baue die Zahl mit deinen Zahlenkarten.
Halte die Zahl in die Höhe.

Bleib in Form!

4 Rechne.

10 - 2 = 10 - 8 = 20 - 1 = 20 - 9 =

10 - 5 = 10 - 4 = 20 - 7 = 20 - 3 =

Dezimalsystem: Zehner und Einer
3) L sagt zweistellige Zahlen an. Die Kinder stellen die Zahl zusammen und zeigen sie.
Weiterführung: Auch Kinder sagen Zahlen an; Offene Aufgaben: „Zeigt eine Zahl, die größer ist als 20!“

2. Zahlen bis 100

1 Beantworte die Fragen zum Hunderterfeld.

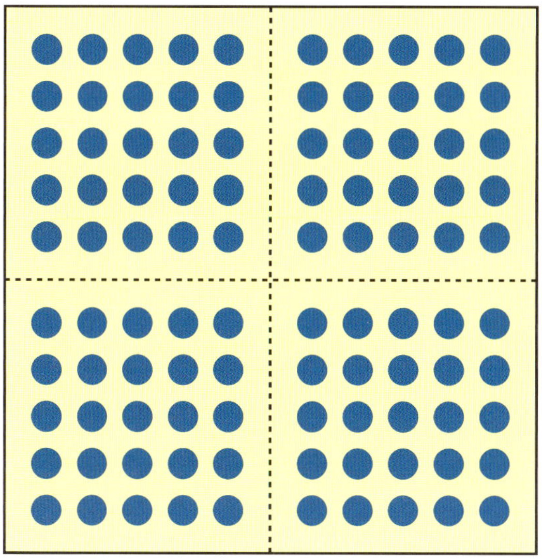

10 zehn
20 zwanzig
30 dreißig
40 vierzig
50 fünfzig

60 sechzig
70 siebzig
80 achtzig
90 neunzig
100 hundert

Hunderterfeld

a) Wie viele Punkte hat das Feld?

b) Wie viele Zehner hat das Feld?

c) Wie viele Punkte hat das halbe Feld?

2 Welche Zahlen werden hier gezeigt?

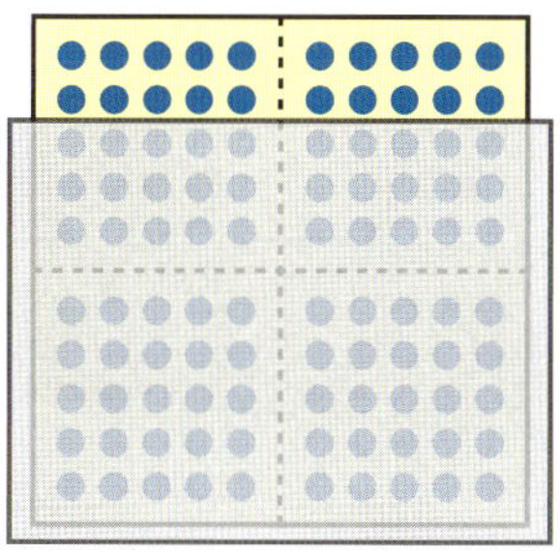

20

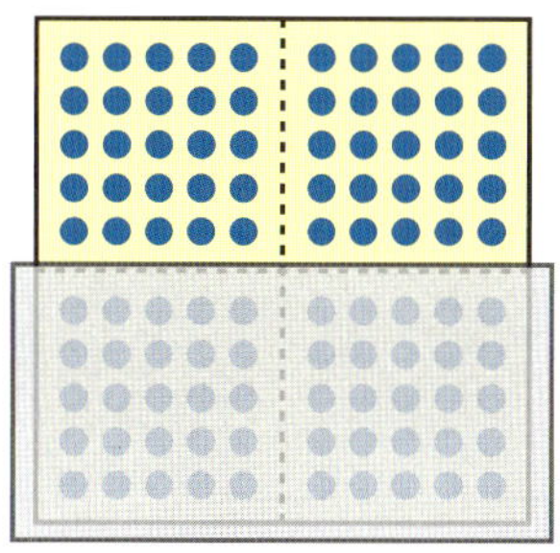

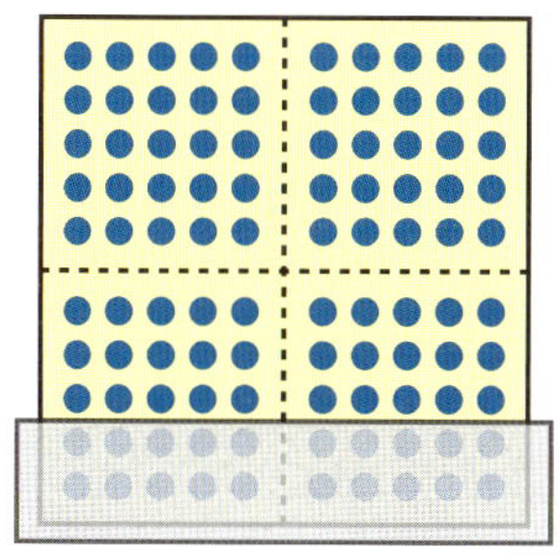

3 Zeige die Zahlen auf dem Hunderterfeld. Verwende die Abdeckplatte.

30, 70, 10, 60, 50, 80, 90, 20, 100

4 Welche Zahlen werden hier gezeigt?

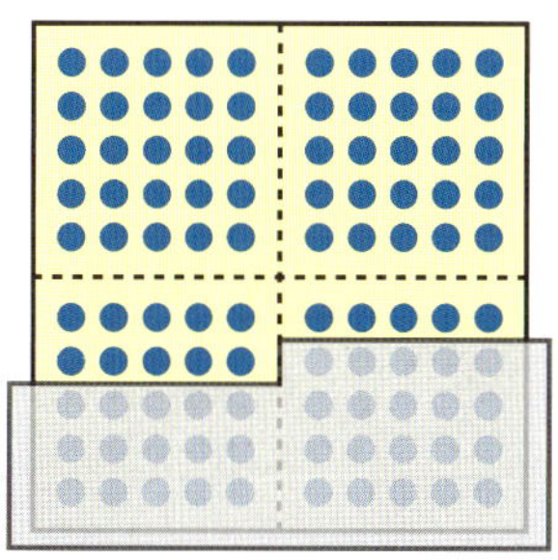

65

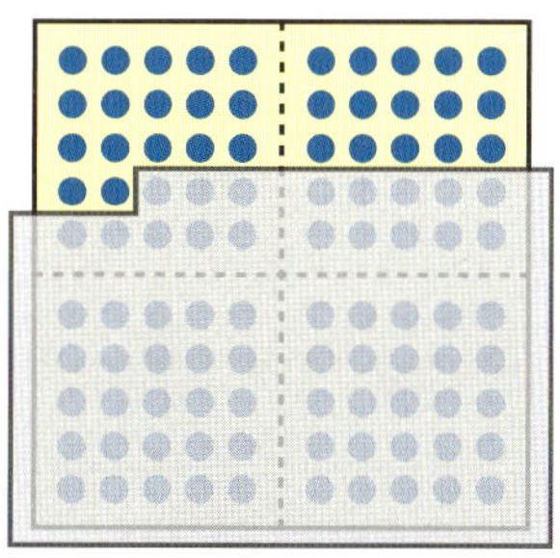

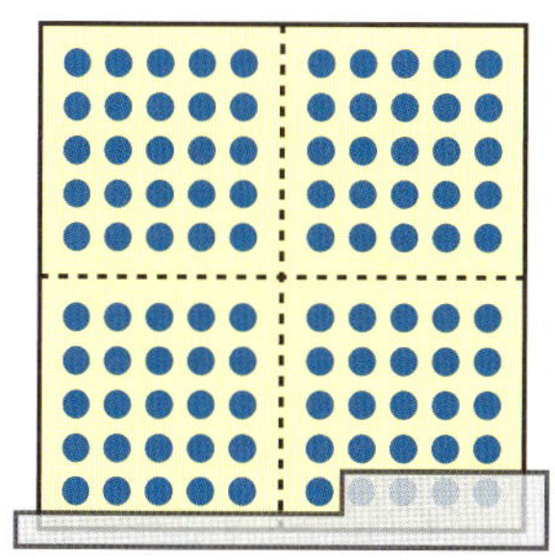

5 Zeige die Zahlen auf dem Hunderterfeld. Verwende die Abdeckplatte.

15, 41, 53, 38, 82, 94, 76, 29, 67

Zahlenraum 100: Hunderterfeld

1) Das Hunderterfeld ist auf der Rückseite des Buches abgedruckt. Die Abdeckplatte kann aus DIN A4-Karton hergestellt werden.

2. Zahlen bis 100

1 Lege die Zahlen und verändere sie.

a) Aus 35 mache 45.

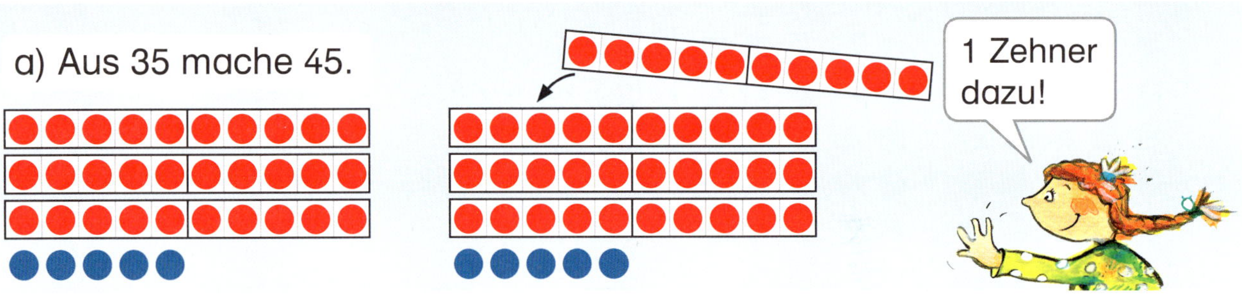

b) Aus 13 mache 23.
c) Aus 64 mache 65.
d) Aus 90 mache 100.
e) Aus 80 mache 70.
f) Aus 36 mache 37.
g) Aus 22 mache 32.
h) Aus 28 mache 29.
i) Aus 71 mache 61.
j) Aus 50 mache 51.

2 Ergänze die Zahlenbänder.

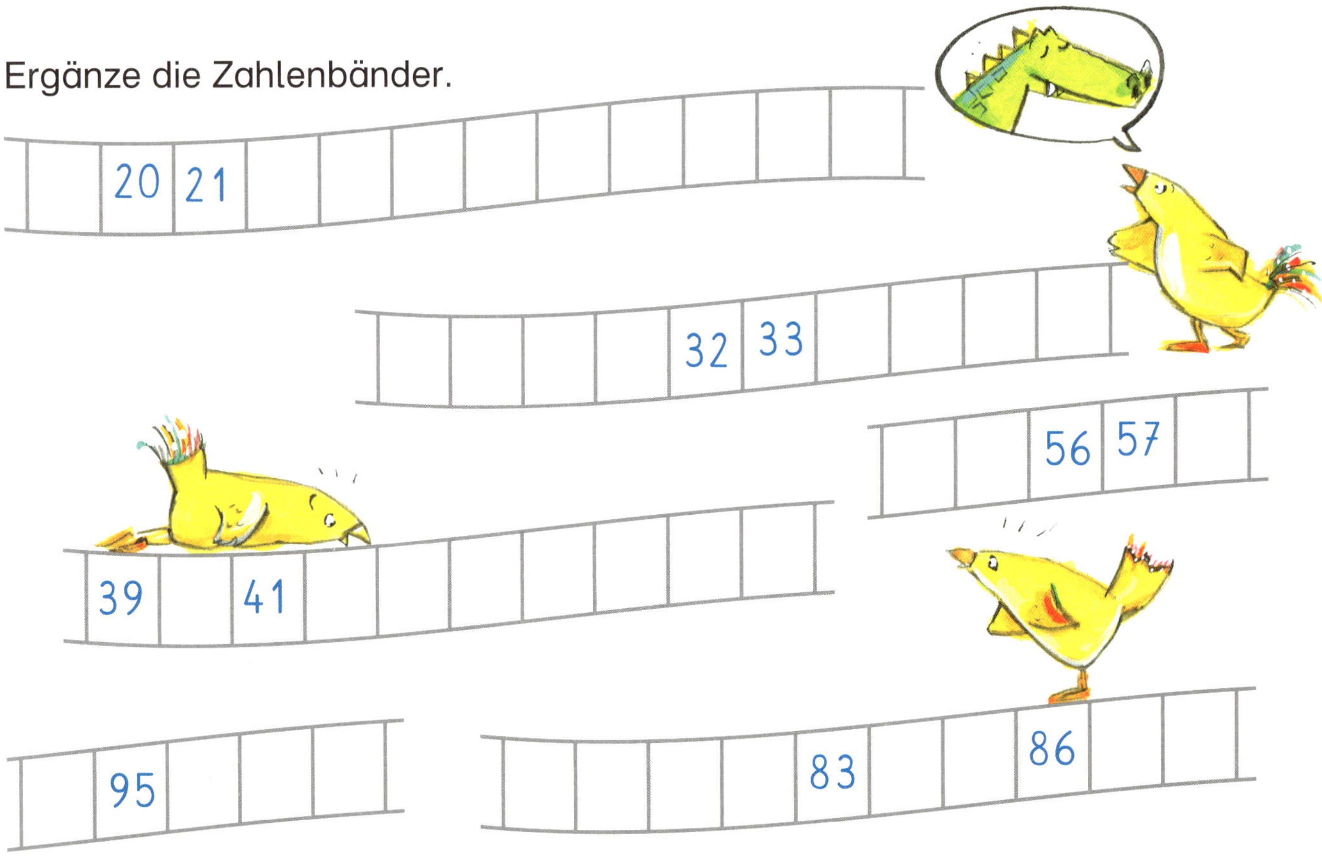

Bleib in Form!

3 Zeichne die Musterzeile mit Häusern fertig.

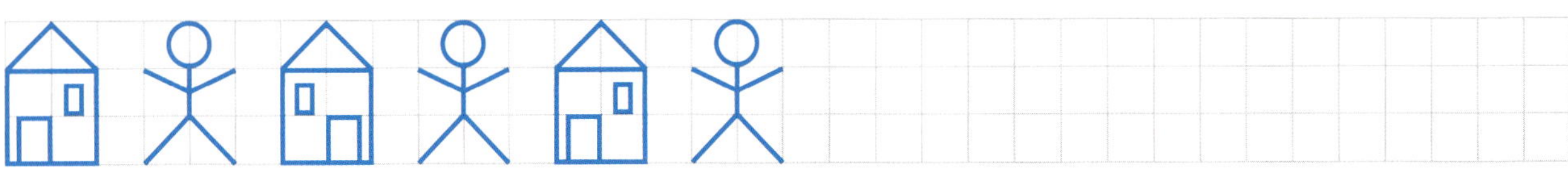

3. Pentominos

1 Wie passen die Teile in das Feld?

CD2-3

Pentomino

2 Lege die Rechtecke mit Pentominos aus.

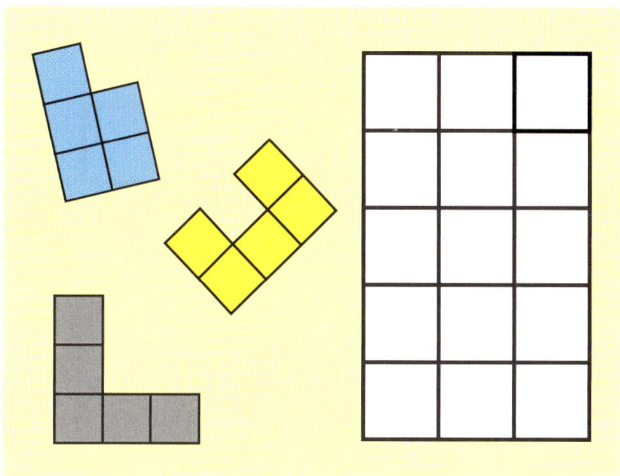

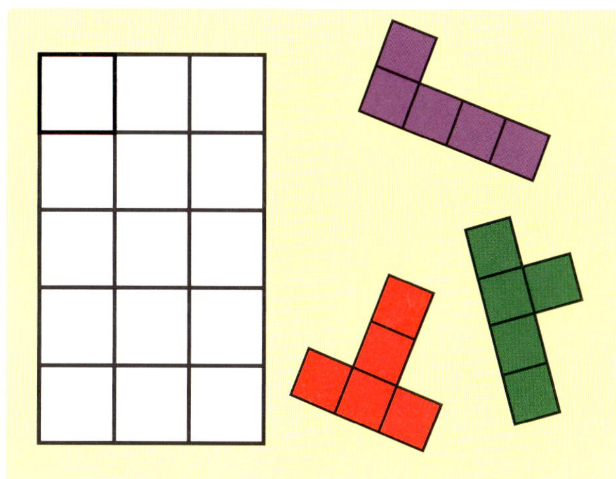

Verwende die Pentominos
aus den Stanzbögen.

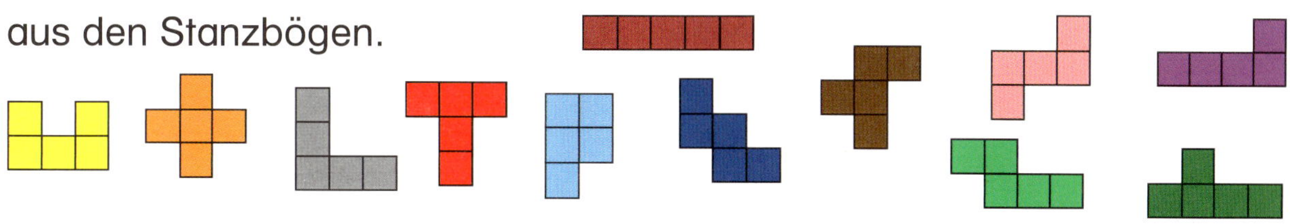

Geometrie: Pentominos
1) Abenteuergeschichte
2) Weiterführung: Die Kinder finden verschiedene Möglichkeiten.

3. Pentominos

1 Lege diese Formen mit Pentominos nach.
Male die Pentominos mit den richtigen Farben an.

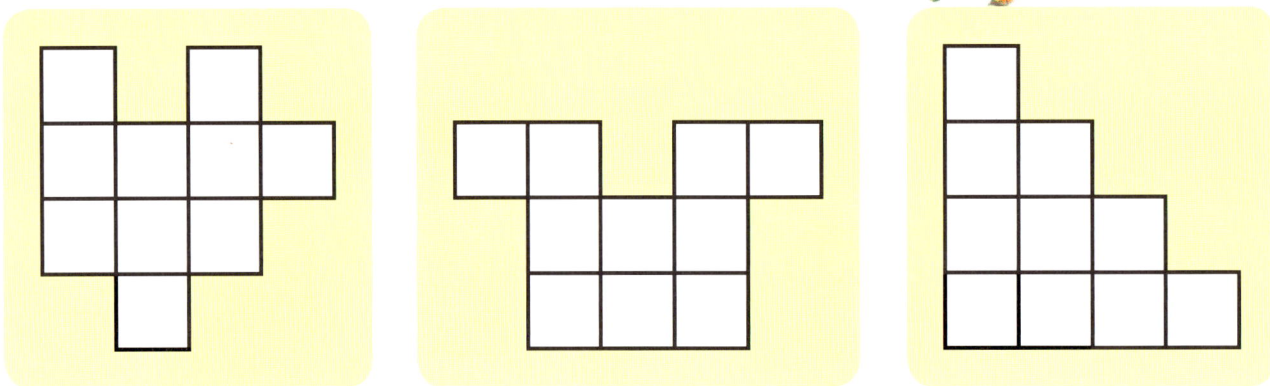

2 Lege die Enten mit Pentominos nach und male sie an.

Bleib in Form!

3 Auf einen Blick: Schreibe die Zahlen.

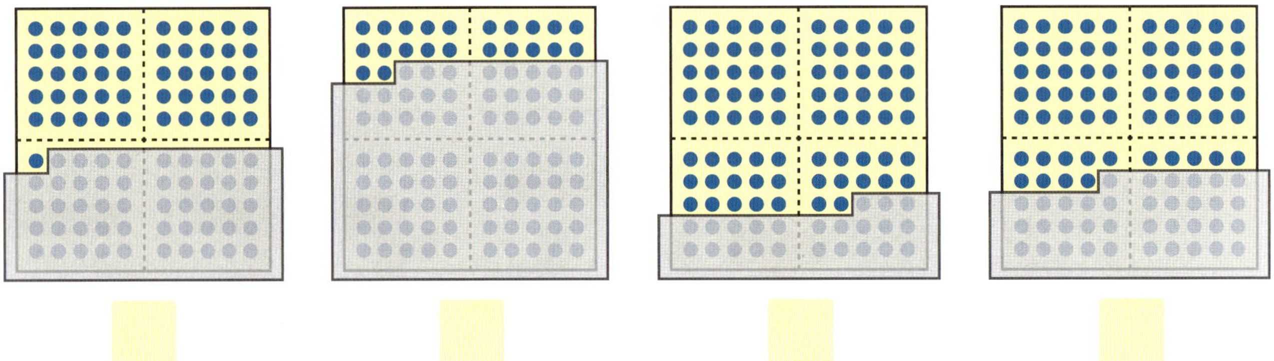

Geometrie: Pentominos
2) Weiterführung: Die Kinder erfinden selbst Pentominofiguren, die sie als Rätsel anderen Kindern stellen.

3. Pentominos

1 Zeichne die Spiegelbilder dieser Pentominos.

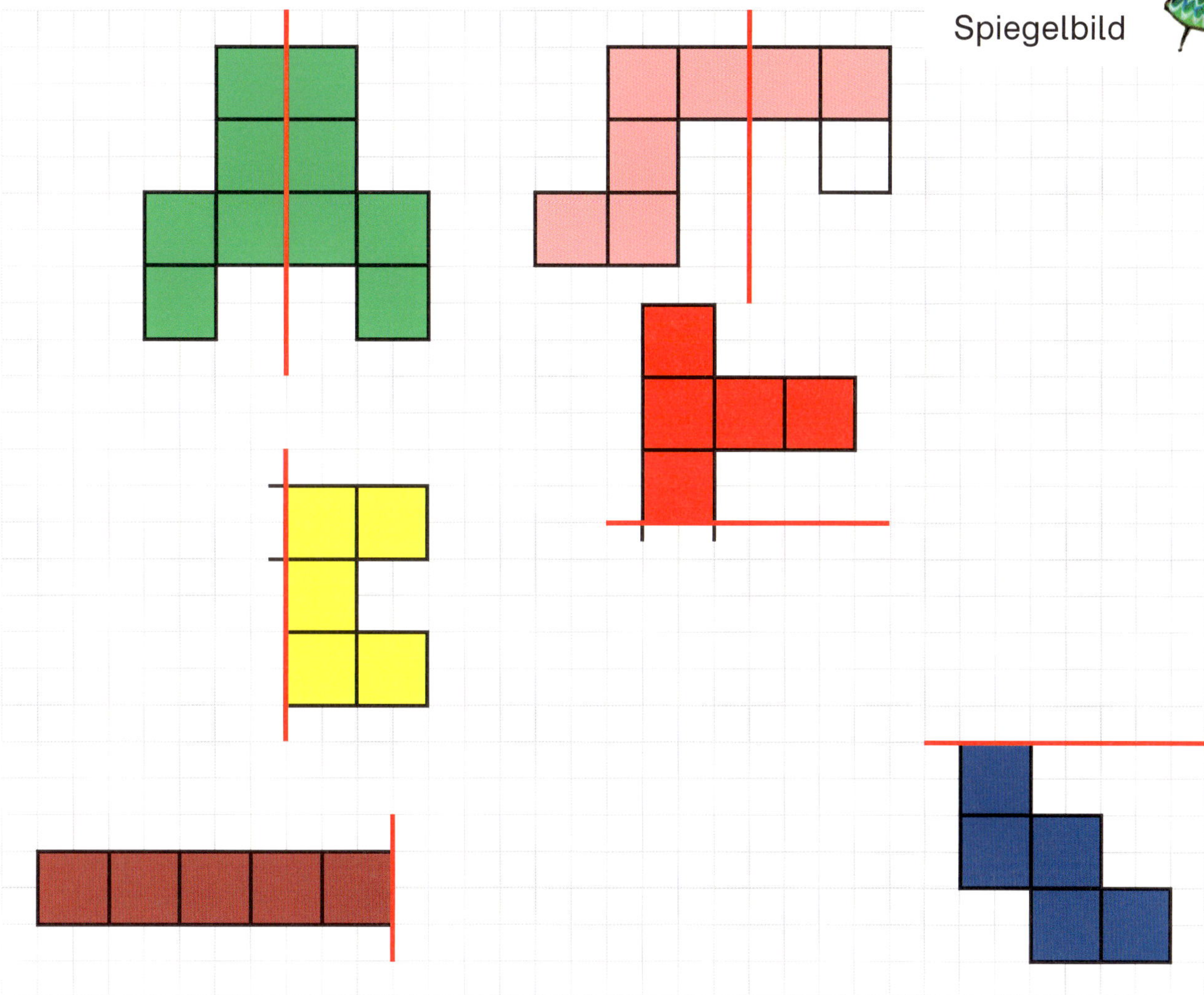

2 Zeichne diese Pentominos und ihre Spiegelbilder in dein Heft.

a)

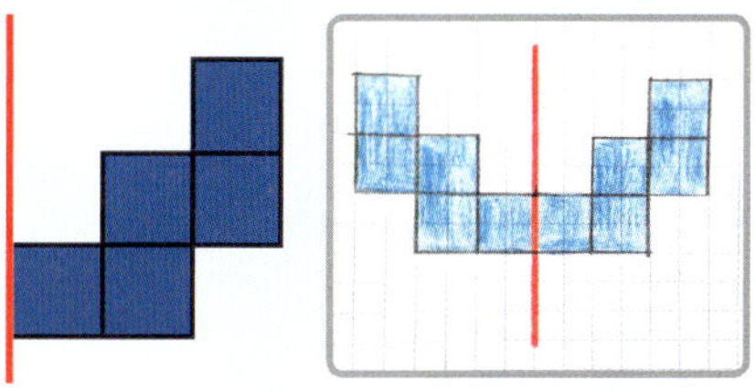

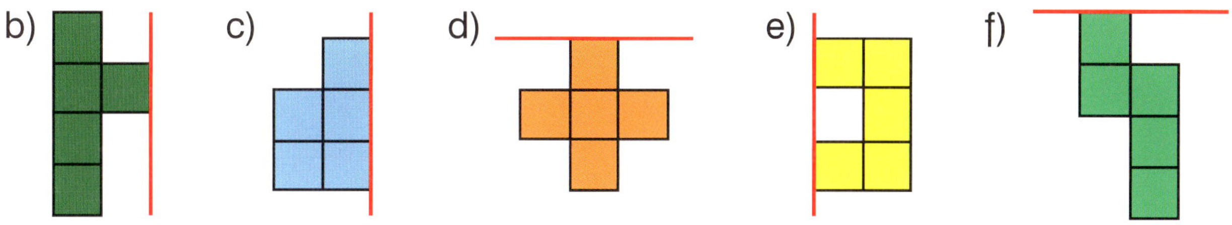

3. Pentominos

1 Tetris-Figuren bestehen aus vier Kästchen.
Die Kästchen sind miteinander verbunden.

Beispiele:

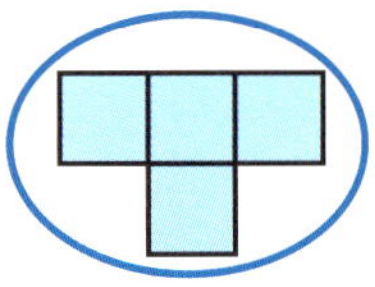

Tetris

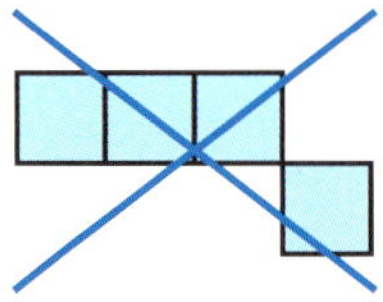

nicht Tetris

Kreise Tetris-Figuren ein.
Begründe deine Entscheidungen.

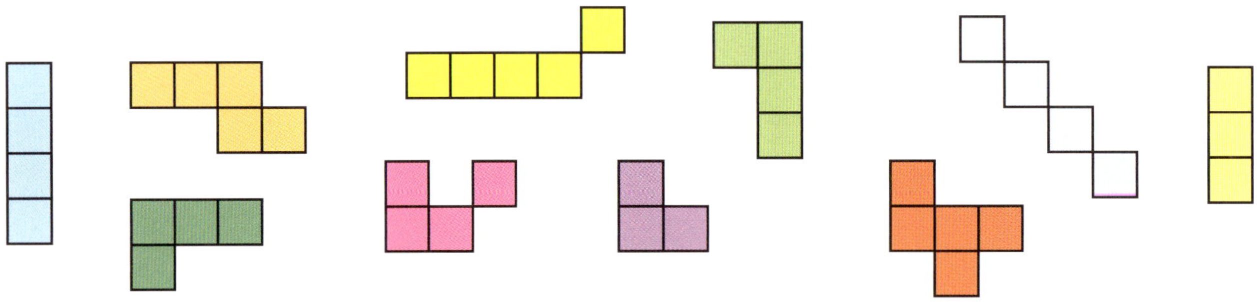

2 Zeichne alle verschiedenen Tetris-Figuren in dein Heft.
Wie viele sind es?

Achtung! Gedrehte oder gespiegelte Figuren gelten nur als eine Figur.

Beispiel:

Bleib in Form!

3 Auf einen Blick: Schreibe die Zahlen.

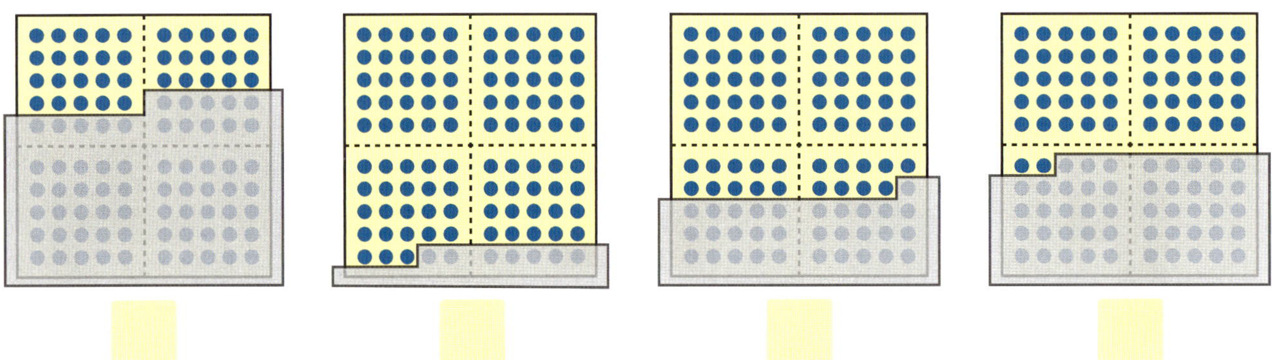

Geometrie: Tetris-Figuren
2) Gedrehte oder gespiegelte Figuren gelten als gleich.
Weiterführung: Lassen Sie die Kinder die Figuren aus vier Quadraten zusammensetzen.

4. Alles klar bis 100

1 Welche Zahlen passen in die farbigen Felder?

CD2-4

1	2	3	4	5	6	7	8	9	10
11	12	13	14	15	16	17	18	19	20
21	22		24	25	26	27	28	29	30
31	32	33	34		36	37	38	39	40
41	42	43	44	45	46	47	48	49	50
51	52	53	54	55	56		58	59	60
61	62	63	64	65	66	67	68	69	70
71	72	73	74	75	76	77	78	79	80
81	82	83	84	85	86	87	88	89	90
	92	93	94	95	96	97	98	99	100

Hundertertafel

2 Welche Zahlen sind auf diesen Hundertertafeln markiert?

1	2	3	4	5					10
11						17			20
		23							30
		33	34	35	36	37	38	39	40
		43	44					49	
51	52	53	54					59	
									70
	72	73			76				80
81	82	83			86				90
91	92	93			96	97	98	99	100

		3							
11						17			
		23							30
				35	36				
								49	
	52								
	72	73							80
81					86				
		93					98		

4. Alles klar bis 100

1 **Zahlenspiel mit der Hundertertafel:** Spielt zu zweit. Lege ein Plättchen auf die Hundertertafel. Das andere Kind legt die Zahl mit Zahlenkärtchen.

1	2	3	4	5	6	7	8	9	10
11	12	13		15				19	20
21	22				26				30
		33					38		
41		43						49	50
			54	55	56				
61					66	67		69	
	72		74						80
81				85	86	87			
	92	93						99	100

2 Beantworte die Fragen.

a) Wie viele Felder hat die Hundertertafel?

b) Was haben Zahlen gemeinsam, die untereinander stehen?

c) Was haben Felder gemeinsam, die nebeneinander stehen?

d) Was fällt dir noch auf?

Bleib in Form!

3 Rechne.

14 + 3 =	3 + 11 =	18 - 3 =	20 - 3 =
16 + 4 =	2 + 18 =	15 - 1 =	18 - 4 =

4. Alles klar bis 100

1 Wie heißen die markierten Zahlen?

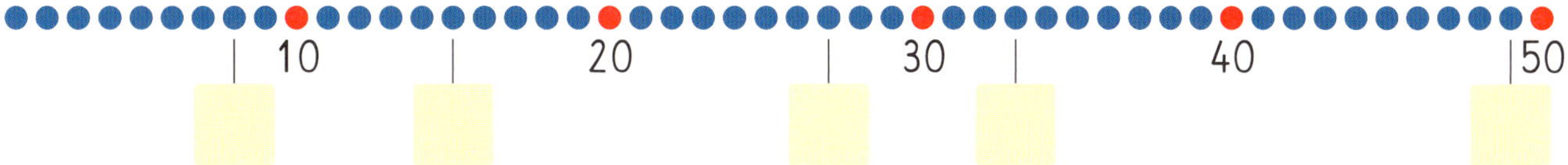

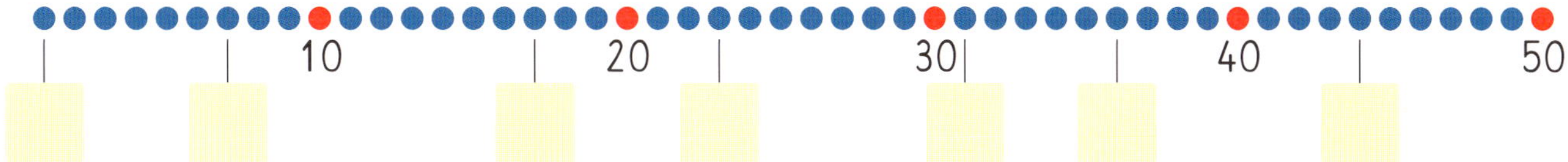

2 Nenne die Nachbarzahlen.

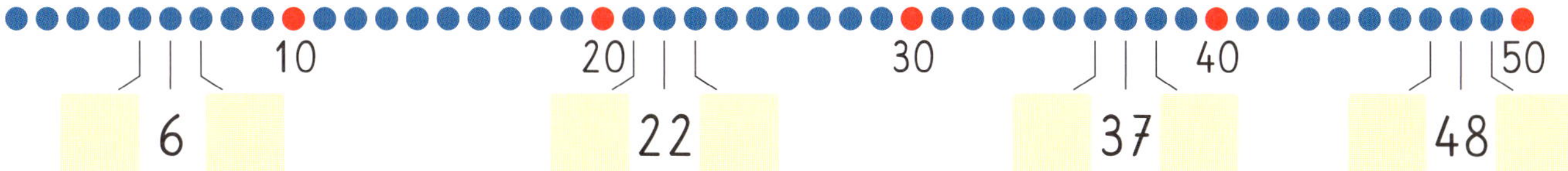

3 Nenne die Nachbarzahlen.

42	32	19
22	46	30
78	91	84

Nachbarzahlen

4 Welcher Zehner liegt …

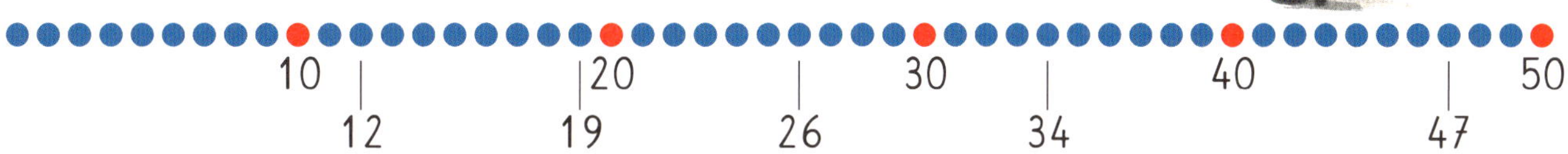

a) der Zahl 12 am nächsten? 10

b) der Zahl 19 am nächsten?

c) der Zahl 26 am nächsten?

d) der Zahl 34 am nächsten?

e) der Zahl 47 am nächsten?

4. Alles klar bis 100

1 Wie heißen die fehlenden Zahlen?

Zahlenstrahl

0 10 ☐ 30 40 50 ☐ 70 80 ☐ 100

2 Wie heißen die markierten Zahlen?

☐ ☐ ☐ ☐ ☐ ☐ ☐ ☐ ☐

0 10 20 30 40 50 60 70 80 90 100

3 Nenne zu jeder Zahl den Vorgänger und den Nachfolger.

Vorgänger, Nachfolger

☐ 26 ☐	☐ 53 ☐	☐ 94 ☐
☐ 80 ☐	☐ 61 ☐	☐ 10 ☐

4 Spiel zu zweit „Zahlen zeigen."

0 10 20 30 40 50 60 70 80 90 100

Bleib in Form!

5 Ergänze die Zahlenmauern.

Beispiel:

- 10 — 4 + 6 = 10
- 4 | 6 — 3 + 1 = 4, 1 + 5 = 6
- 3 | 1 | 5

Zahlenmauer 1:

- ☐
- ☐ | ☐
- 1 | 2 | 4

Zahlenmauer 2:

- ☐
- 10 | ☐
- ☐ | 7 | 2

Zahlenmauer 3:

- 20
- ☐ | 10
- ☐ | 8 | ☐

Zahlenraum 100: Zahlenstrahl
1) – 4) Weitere Übungen mit dem Zahlenstrahl
4) Partnerspiel: Das erste Kind nennt eine Zahl, das zweite Kind zeigt sie am Zahlenstrahl und nennt die Nachbarzahlen.

4. Alles klar bis 100

1 Setze <, > oder = richtig ein.

50 < 57	40 ◯ 46	16 ◯ 9
31 ◯ 13	95 ◯ 59	78 ◯ 77
28 ◯ 28	42 ◯ 42	35 ◯ 53

< ist kleiner als,
= ist gleich,
> ist größer als

2 ★ Setze <, > oder = richtig ein.

20 + 3 ◯ 32	60 + 7 ◯ 53	15 - 6 ◯ 10	20 - 6 ◯ 10
50 + 8 ◯ 58	40 + 2 ◯ 24	14 - 9 ◯ 5	8 - 8 ◯ 0

3 Beantworte die Fragen.

a) Nenne 3 Zahlen, die kleiner sind als 50. ☐ ☐ ☐

b) Nenne 3 Zahlen, die größer sind als 50. ☐ ☐ ☐

c) Was wollen Nora und Aron sagen? Sprich ihre Sätze fertig.

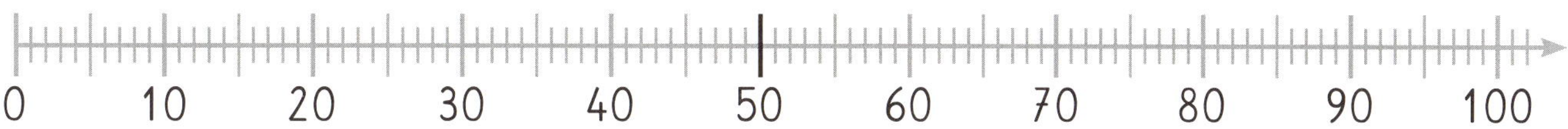

4 Höre zu und zeige die Zahlen.

Zahlenraum 100: Zahlenvergleich
4) L nennt eine Zahl oder Eigenschaften einer Zahl, die Kinder zeigen die Zahl mit den Zahlenkaten. Z.B: „Zeigt die Zahl 87!", „Zeigt eine Zahl, die kleiner ist als 65!" etc.
Zahlenkartenspiele

5. Plus und Minus

1 Wie viele Punkte haben die Kinder erreicht?
Jede umgeworfene Dose zählt 10 Punkte.

CD2-5

2 Wie viele Dosen? Wie viele Punkte?
Beschreibe deinen Rechenweg.

Rechenweg

Dosen

3 + 2 =

Punkte

30 + 20 =

Dosen

Punkte

Dosen

Punkte

Dosen

Punkte

Bleib in Form!

3 Wie heißen die markierten Zahlen?

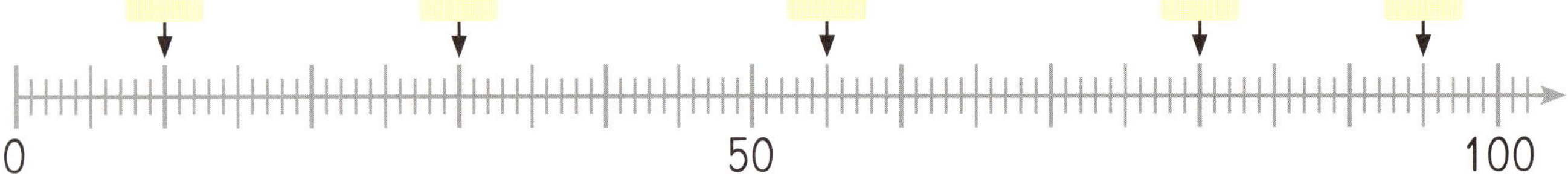

Plusrechnen im Zahlenraum 100: ganze Zehner
1) Abenteuergeschichte

5. Plus und Minus

1 Ergänze die Zahlenreihen.

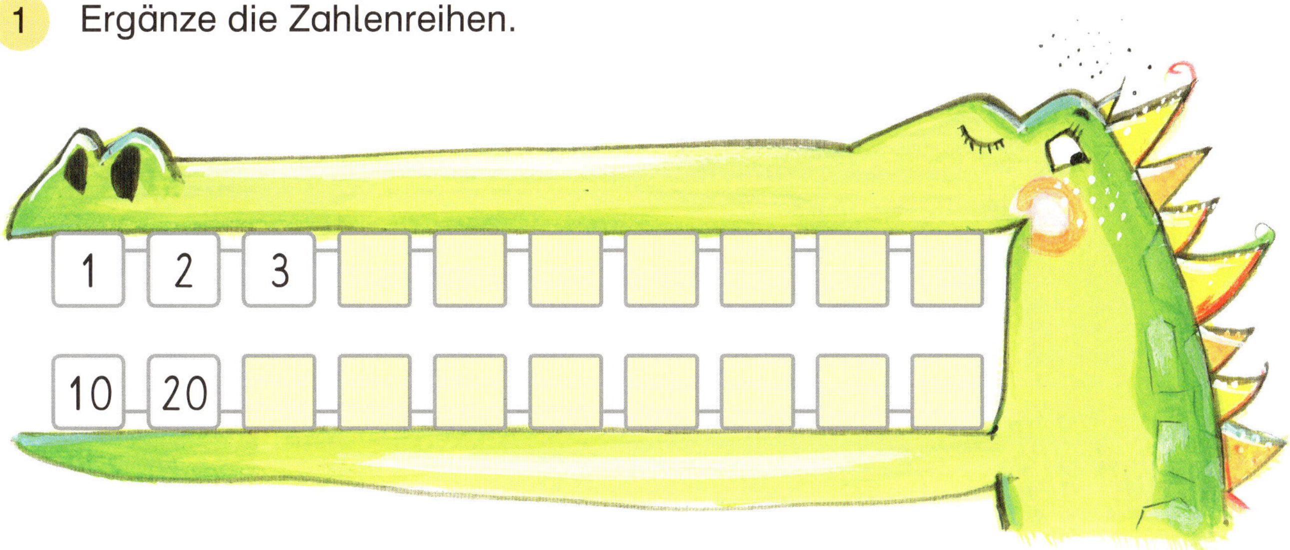

1	2	3							
10	20								

2 Rechne. Was fällt dir auf?

2 + 3 = 5	6 + 1 =	3 + 4 =	4 + 5 =
20 + 30 = 50	60 + 10 =	30 + 40 =	40 + 50 =

3 Rechne. Was fällt dir auf?

6 - 2 = 4	4 - 3 =	8 - 1 =	7 - 5 =
60 - 20 = 40	40 - 30 =	80 - 10 =	70 - 50 =

4 Rechne.

30 + 20 = 50	40 + 10 =	70 - 40 =	100 - 40 =
20 + 10 =	30 + 40 =	20 - 20 =	90 - 60 =
60 + 0 =	70 + 20 =	80 - 70 =	30 - 10 =
40 + 40 =	50 + 20 =	50 - 50 =	80 - 60 =

5 Ergänze die fehlenden Zahlen.

30 + ☐ = 50	20 + ☐ = 80	70 - ☐ = 60	100 - ☐ = 50
60 + ☐ = 60	40 + ☐ = 70	90 - ☐ = 50	30 - ☐ = 0

5. Plus und Minus

1 Schreibe die Rechnungen.

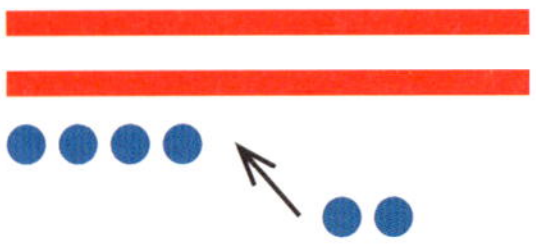

24 + 2 =

Ich rechne 4 + 2 = 6.

35 + 3 =
41 + 6 =

23 + 3 =
54 + 5 =

2 Rechne. Was fällt dir auf?

2 + 3 = 5	4 + 4 =	7 + 2 =	3 + 6 =
22 + 3 = 25	84 + 4 =	97 + 2 =	43 + 6 =

3 Rechne im Heft.

a)	b)	c)	d)	e)	f)
24 + 3	27 + 2	61 + 4	63 + 2	42 + 6	92 + 6
85 + 4	52 + 1	31 + 6	86 + 3	34 + 4	53 + 4
12 + 5	33 + 5	72 + 4	11 + 7	21 + 5	71 + 8

4 Lege und rechne.

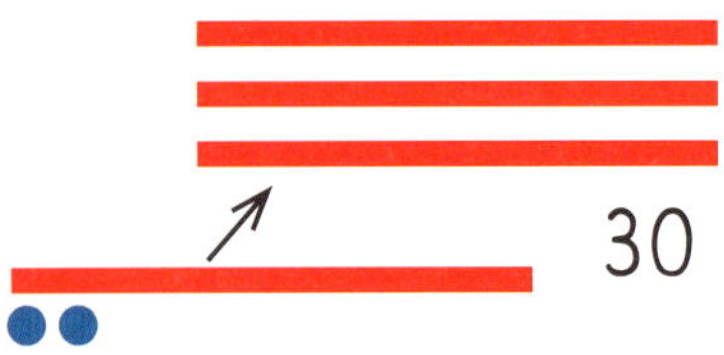

30 + 12 =

40 + 15 =
20 + 14 =

10 + 16 =
60 + 13 =

5 Rechne. Beschreibe deinen Rechenweg.

20 + 16 =	30 + 18 =	50 + 14 =	80 + 13 =
60 + 11 =	70 + 12 =	40 + 16 =	20 + 17 =

Bleib in Form!

6 Wie heißen die markierten Zahlen?

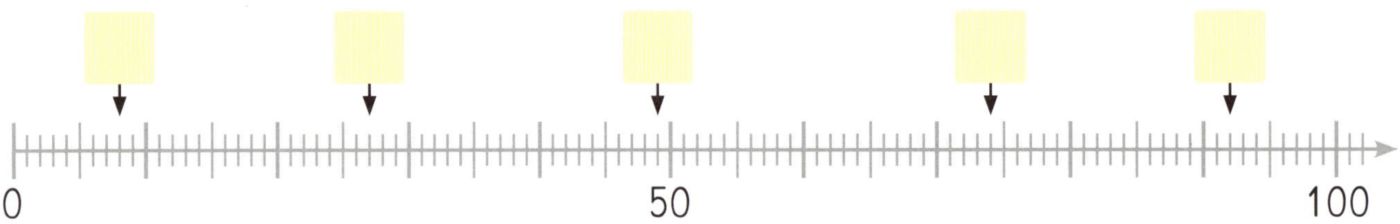

Plusrechnen im Zahlenraum 100
1) 2) 3) Entdecken und Nutzen von Analogieaufgaben

5. Plus und Minus

1 Schreibe die Rechnungen.

35 - 2 = 33

☐ - ☐ = ☐

☐ - ☐ = ☐

2 Rechne. Was fällt dir auf?

5 - 1 = 4	6 - 2 = ☐	9 - 3 = ☐	8 - 7 = ☐
15 - 1 = 14	36 - 2 = ☐	89 - 3 = ☐	98 - 7 = ☐

3 Rechne im Heft.

a)	b)	c)	d)	e)	f)
37 - 3	19 - 3	29 - 3	68 - 4	36 - 3	13 - 2
74 - 1	64 - 2	87 - 7	85 - 0	97 - 5	48 - 7
64 - 4	57 - 6	92 - 2	34 - 2	59 - 8	56 - 4

4 Ergänze auf den nächsten Zehner.

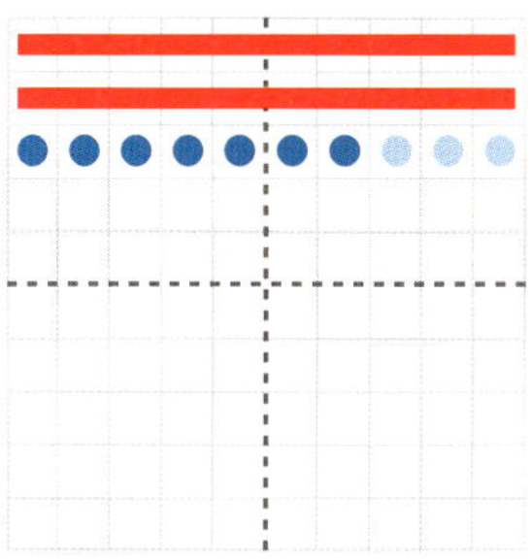

27 + 3 = 30

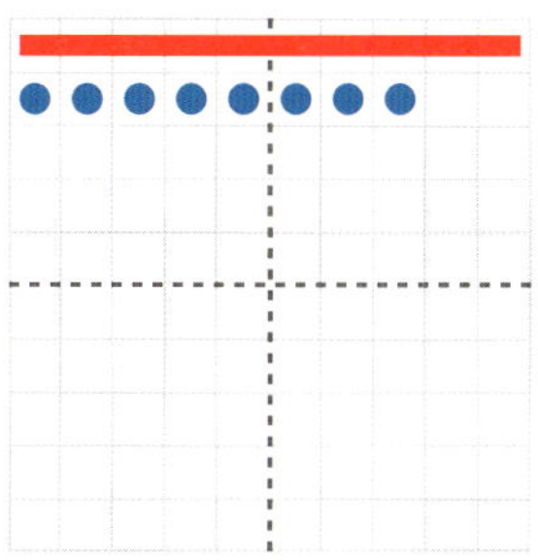

18 + ☐ = 20

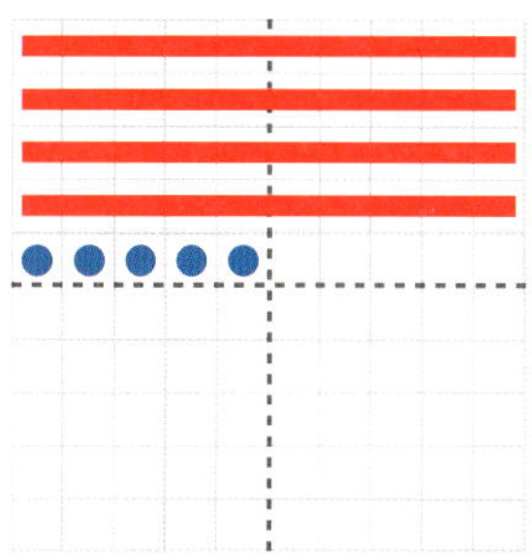

45 + ☐ = 50

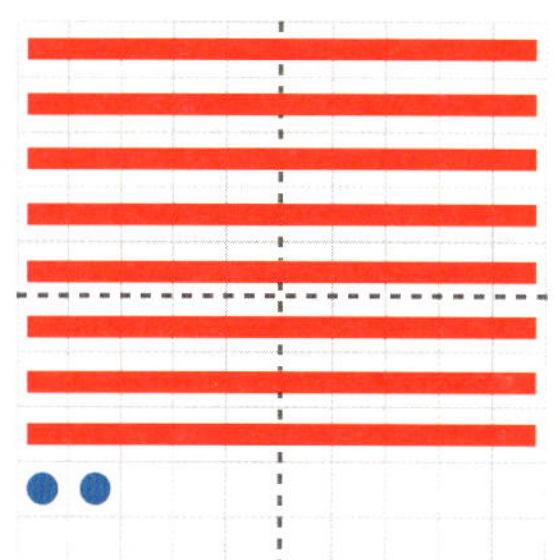

82 + ☐ = 90

5 Ergänze auf den nächsten Zehner.

36 + 4 = 40	28 + ☐ = 30	35 + ☐ = ☐	69 + ☐ = ☐
75 + ☐ = 80	63 + ☐ = ☐	48 + ☐ = ☐	57 + ☐ = ☐

Plus- und Minusrechnen im Zahlenraum 100
1) 2) 3) Entdecken und Nutzen von Analogieaufgaben

6. Lach- und Sachrechnen

1 Welche Zutaten fehlen den Kindern für die Medizin?
Lies das Rezept. Sieh nach, was Ronni Ratz schon hat
und schreibe eine Einkaufsliste.

CD2-6

Das wird ja scheußlich schmecken!

Ronni Ratz-Medizin hilft immer!

Rezept:

3 Tuben Senf
8 Äpfel
3 Schokoriegel
4 Bonbons
1 alter Knochen

Einkaufsliste:

2 Tuben Senf
____
____
____
____

2 Lies das Rezept. Sieh nach, welche Zutaten bereits auf dem Tisch liegen
und schreibe eine Einkaufsliste.

Obstsalat:

8 Bananen
3 Äpfel
1 Schale Erdbeeren
2 Becher Joghurt

Bleib in Form!

3 Setze <, > oder = richtig ein.

53 ◯ 35	90 ◯ 19	29 ◯ 92	87 ◯ 80 + 7
25 ◯ 50	44 ◯ 60	64 ◯ 46	94 ◯ 40 + 9
92 ◯ 87	37 ◯ 37	71 ◯ 17	62 ◯ 60 + 6

Sachrechnen
1) Abenteuergeschichte

6. Lach- und Sachrechnen

1 Lies das Rezept. Auf dem Tisch liegen schon Zutaten.
Was muss noch gekauft werden?

a)

Ronnis Eierspeise
Rezept für 4 Personen

8 Eier
5 Tomaten
1 Zwiebel
12 Scheiben Speck

b)

Gemüsesuppe
Rezept für 4 Personen

1 Bund Petersilie
12 Karotten
5 Kartoffeln
1 Zwiebel

2 Lies die Aufgaben und löse sie im Heft.

a) In einer Schale liegen 12 Nüsse.
Nina nimmt 3.
Wie viele Nüsse liegen
noch in der Schale?

a) R: 12 − 3 =
A: In der Schale liegen noch

b) Im Kühlschrank sind 6 braune und 12 weiße Eier.
Wie viele Eier sind das?

c) Auf ein Backblech passen 30 Kekse.
Frau Huber hat 2 Bleche voll gebacken.
Wie viele Kekse sind das?

d) Im Regal stehen 45 Packungen Mehl. Herr Meier kauft 4 davon.
Wie viele Packungen stehen noch im Regal?

Sachrechnen
2) Weiterführung: Die Kinder ändern die Zahlen in den Aufgaben.

6. Lach- und Sachrechnen

1 Beantworte die Fragen.

Wenn man eine Aufgabe nicht rechnen kann, zeichne ein ⊿ - Symbol.

⊿ Diese Aufgaben kann man nicht lösen.

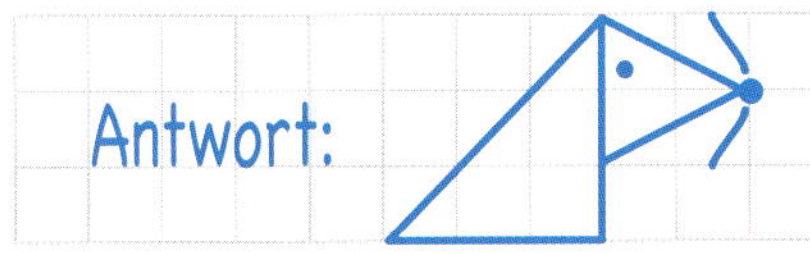

a) Auf einem Bauernhof leben
20 Schweine und 7 Hühner.
Wie viele Kühe leben auf dem Hof?

b) Lena hat 10 Nüsse gesammelt,
Lisa hat 7 Nüsse gesammelt.
Wie viele Nüsse haben sie zusammen?

c) In einem Korb liegen 14 Äpfel.
Philipp legt noch 3 Äpfel dazu.
Wie viele Äpfel hat Linn?

d) Nora hat 12 Orangen.
3 Orangen schenkt sie Aron.
Wie viele Orangen hat sie noch?

e) Ronni Ratz hat 8 Gläser Marmelade.
Er schleckt 3 davon leer.
Wie alt ist Ronni?

f) In einem Bus sitzen 35 Leute.
Bei der Haltestelle steigen 2 Leute aus.
Wie viele Leute sitzen jetzt im Bus?

Bleib in Form!

2 Setze das Muster fort.

Sachrechnen: unlösbare Aufgaben erkennen

7. Das kann ich schon!

1 Rechne.

2 + 15 = ☐	16 + 4 = ☐	5 + 14 = ☐
7 + 12 = ☐	13 + 6 = ☐	3 + 17 = ☐

2 Rechne.

11 − 5 = ☐	15 − 8 = ☐	10 − 3 = ☐	8 − 8 = ☐
16 − 4 = ☐	13 − 9 = ☐	20 − 5 = ☐	14 − 7 = ☐

3 Drei Zahlen, vier Aufgaben.

11, 3, 14	16, 9, 7	20, 4, 16
11 + 3 = 14		
3 + 11 = 14		
14 −		

4 Ergänze die Zahlenmauern.

4	1	13

	20	
12		
		3

	10	
2	7	

	16	
	9	
		5

	15	
	8	
3		

	17	
0		

	20	
	13	
	7	

9	11	
	3	

7. Das kann ich schon!

1 Welche Zahlen sind dargestellt?

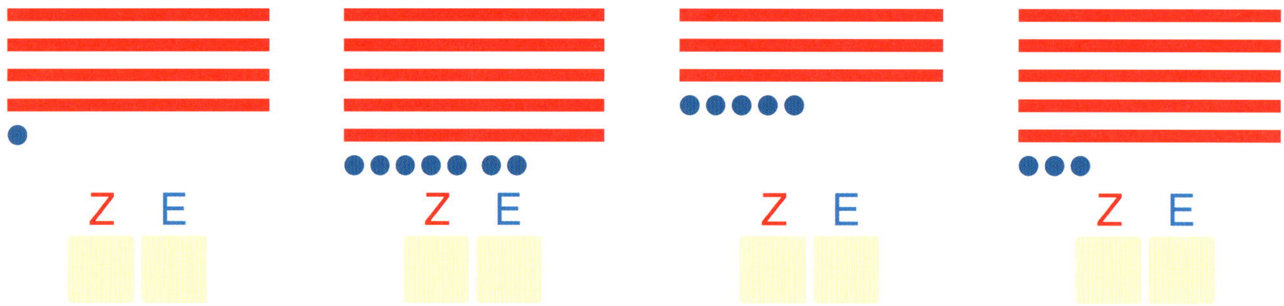

2 Stelle die Zahlen dar.

a) 3 Z 4 E b) 4 Z 1 E c) 2 Z 5 E d) 3 Z 6 E e) 5 Z 7 E

3 Wie heißen die markierten Zahlen?

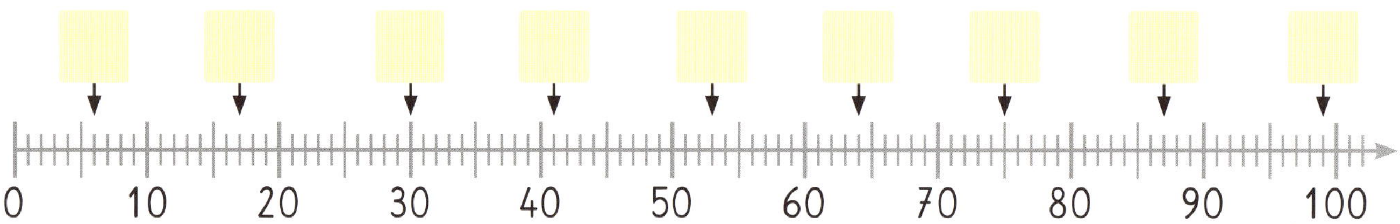

4 Finde die gesuchten Zahlen.

a) Vorgänger der Zahl 54:

b) Nachfolger der Zahl 84:

c) Nachfolger der Zahl 79:

d) Vorgänger der Zahl 40:

Bleib in Form!

5 Auf einen Blick: Schreibe die Zahlen.

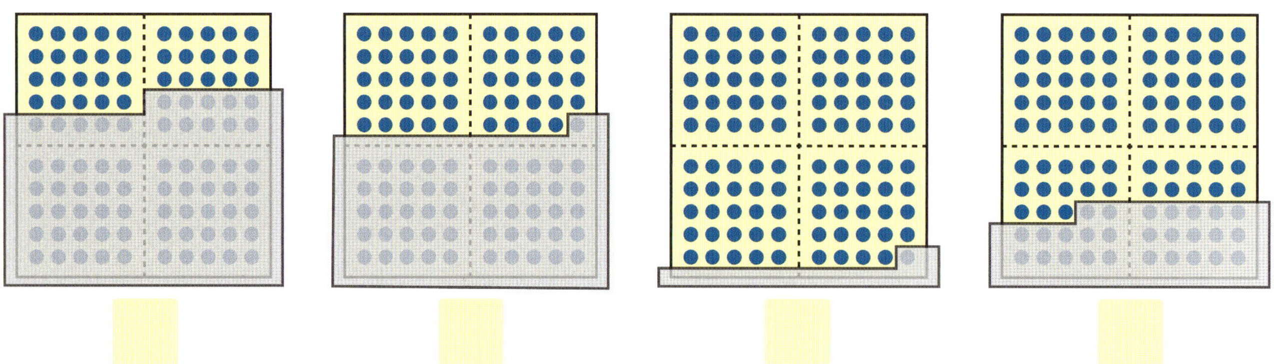

Wiederholung: Zehner, Einer, Zahlenstrahl, Vorgänger, Nachfolger

7. Das kann ich schon!

1 Lege die Figuren mit Pentominos aus.
Zeichne die Lösungen ein.

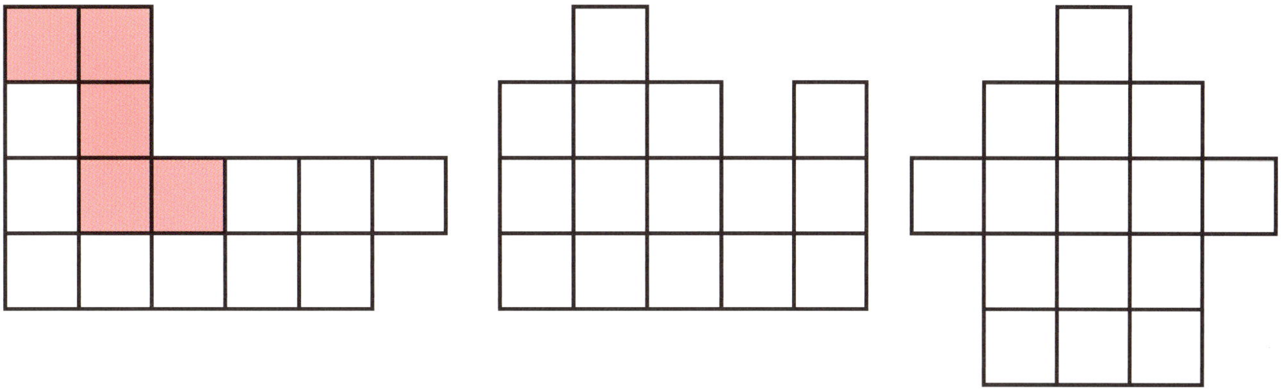

2 Finde die Pentominos und male sie an.

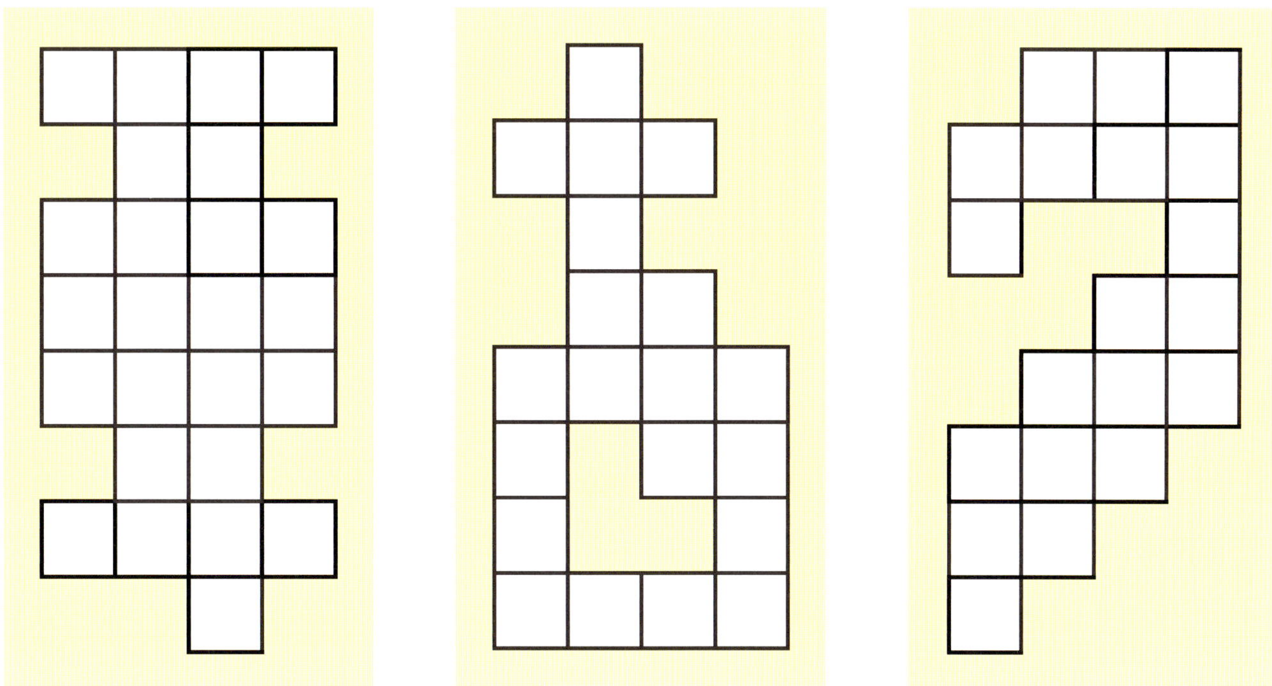

3 Zeichne diese Pentominos und ihre Spiegelbilder in dein Heft.

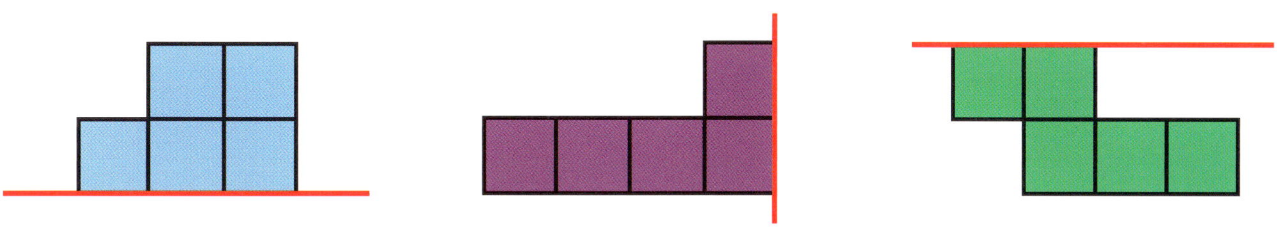

7. Das kann ich schon!

1 Rechne.

20 + 30 =	65 + 2 =	81 + 5 =	20 + 16 =
40 + 40 =	42 + 3 =	36 + 1 =	40 + 13 =
10 + 60 =	74 + 4 =	53 + 6 =	30 + 18 =

2 Rechne.

90 - 20 =	56 - 3 =	95 - 4 =	75 - 0 =
50 - 30 =	39 - 5 =	26 - 2 =	88 - 3 =
80 - 40 =	82 - 2 =	37 - 5 =	59 - 7 =

3 Ergänze auf den nächsten Zehner.

35 + 5 = 40	84 + ☐ = 90	46 + ☐ = ☐	66 + ☐ = ☐
67 + ☐ = 70	29 + ☐ = ☐	51 + ☐ = ☐	73 + ☐ = ☐

4 Finde zu jedem Ergebnis eine Plus- und eine Minusrechnung.

12: 6 + 6 = 12
15 - 3 = 12

20 60 41 96 53

4 82 35 18 77

Bleib in Form!

5 Ergänze die Zahlenmauern.

☐	100	99	80
☐ ☐	☐ 60	92 ☐	☐ 30
30 10 20	20 ☐ ☐	90 ☐ ☐	☐ 20 ☐
	☐ 10 ☐ ☐		☐ ☐ 10 ☐

Wiederholung: Plus- und Minusrechnen im Zahlenraum 100
4) Verschiedene Lösungen sind möglich.

7. Das kann ich schon!

1 Lies das Rezept. Auf dem Tisch liegen schon Zutaten.
Was muss noch gekauft werden?

Giannis Obstsalat
Rezept für 20 Personen

8 Becher Joghurt
10 Äpfel
14 Bananen
2 Ananas
6 Birnen

2 Lies die Sachaufgaben und rechne im Heft.

a) In einer Kiste liegen 32 Äpfel. Daneben liegen noch 6 Äpfel.
Wie viele Äpfel sind das insgesamt?

b) In einem Korb sind 14 Birnen. Edi nimmt 5 Birnen heraus.
Wie viele Birnen sind noch im Korb?

★ c) In der Klasse sind 24 Kinder. Die Lehrerin gibt jedem Kind einen Apfel.
Sie selbst nimmt auch einen. Am Ende bleiben 4 Äpfel übrig.
Wie viele Äpfel hatte sie am Anfang?

3 Löse die Aufgaben im Heft.
Vorsicht, nicht alle Aufgaben kann man lösen!

a) Halit sammelt Spielzeugautos. Er hat schon 54.
Sein Onkel schenkt ihm noch zwei Autos.
Wie viele Autos hat Halit jetzt?

b) Petra hat 14 Teddybären. 6 davon tragen einen Hut.
Wie viele Puppen hat Petra?

c) Aylin hat zwei Puppen mit den Namen Esin und Fatma.
Die Puppe Esin hat 15 € gekostet, Fatma 19 €.
Wie viel Geld hat Aylin noch?

d) Tarik ordnet seine Bausteine. Er zählt 40 braune und 30 weiße Steine.
Wie viele sind das zusammen?

Knobelaufgabe

★ Überlege, wie du die Knobelaufgabe lösen kannst.
Sprich mit anderen Kindern darüber.

1 Pentominos

a) Welche Pentominos kann man so auf das Feld legen, dass die abgedeckten Zahlen die Summe 13 ergeben?

		7		3
1	2		8	
6			9	
	4			
		5		10

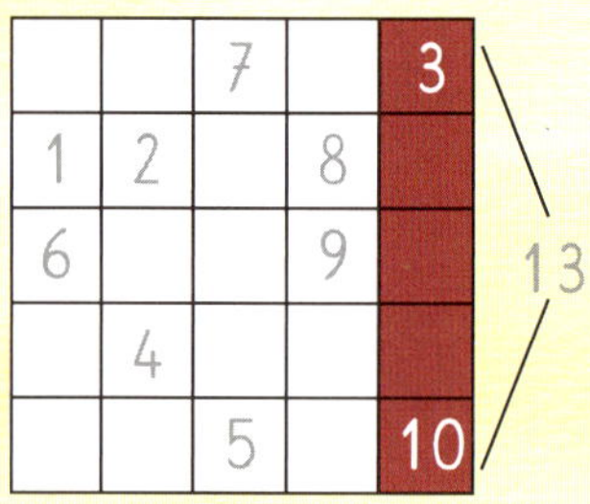

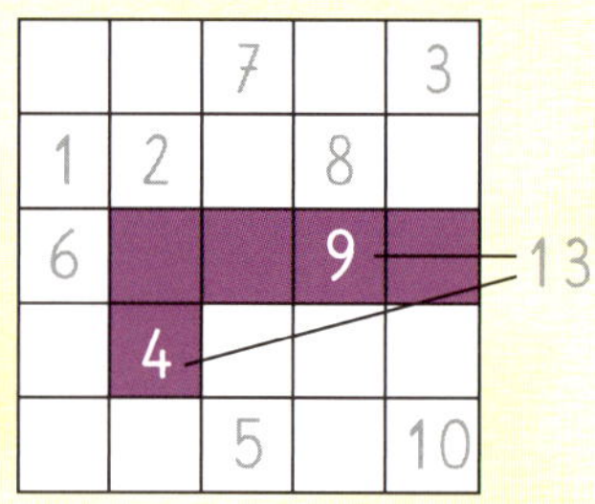

b) Für welche Pentominos findest du mehr als eine Möglichkeit?

c) **Spiel: Verflixte 13**
Zeichnet ein Feld mit 5 mal 5 Kästchen und schreibt die Zahlen von 1 bis 10 in beliebige Felder. Nehmt reihum ein Pentomino und verdeckt damit Zahlen, deren Summe 13 beträgt. Wem das gelingt, der darf das Pentomino behalten. Wer am Ende die meisten Pentominos gesammelt hat, gewinnt.

Goldene Regeln für das Rätsellösen:

- Wer nichts probiert, lernt auch nichts.
- Fehler machen ist strengstens erlaubt.
- Je mehr Ideen es gibt, desto besser.

卌 卌 ||||

Knobelaufgabe
TIPP Das Besprechen der Lösungen und Lösungswege ist ebenso produktiv wie das Lösen der Aufgabe selbst.

8. Wie rechnest du?

1 Wie viele Kreiden haben die Trolle?

CD2-7

Wie rechnest du?

2 Rechne und erkläre, wie du die Aufgaben löst.
Vergleiche deinen Rechenweg mit anderen Kindern.

28 + 4 =	45 + 9 =	63 + 9 =
19 + 5 =	25 + 7 =	82 + 8 =
67 + 4 =	85 + 8 =	74 + 7 =
48 + 6 =	65 + 6 =	34 + 9 =
79 + 3 =	35 + 7 =	53 + 8 =
57 + 5 =	55 + 9 =	44 + 8 =

Zehnerüberschreitung im ZR 100: Eigene Strategien
1) Abenteuergeschichte
2) Die Kinder beschreiben ihre eigenen Lösungswege und versuchen auch, die Lösungswege anderer Kinder zu verstehen. Typische Strategien sind „Rasten beim Zehner" sowie „Zehner und Einer getrennt rechnen". Unterstützung durch Legematerial wenn nötig.

8. Wie rechnest du?

1 Ergänze die Zahlenbilder und rechne.

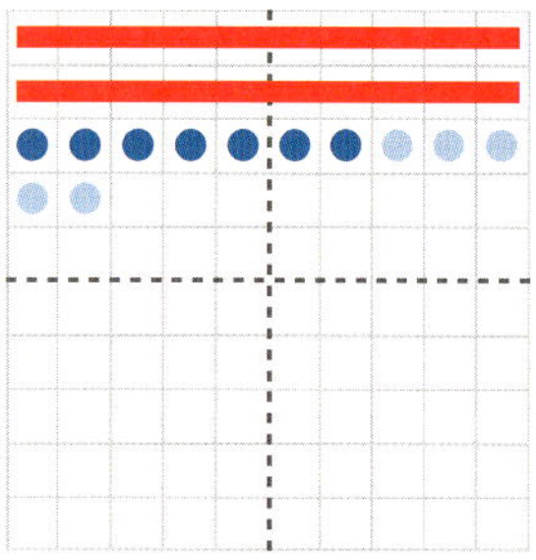

27 + 5

7 + 5 = 12

20 + 12 = 32

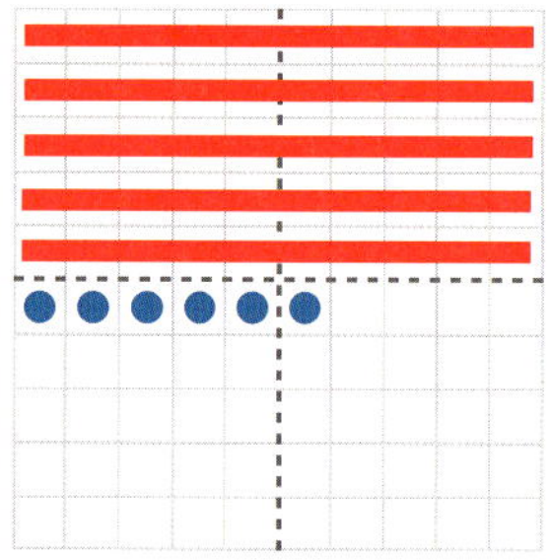

56 + 5

6 + 5 = 11

50 + ___ = ___

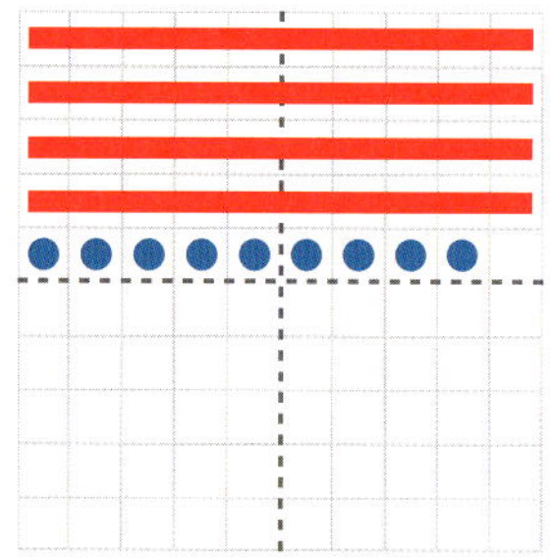

49 + 6

9 + 6 = ___

40 + ___ = ___

2 Rechne wie Aron zuerst die Einer zusammen.

8 + 8 = ___	9 + 9 = ___	8 + 7 = ___	5 + 9 = ___
38 + 8 = ___	79 + 9 = ___	68 + 7 = ___	45 + 9 = ___

3 Rechne. Beschreibe deinen Rechenweg.

27 + 5 = ___	49 + 3 = ___	38 + 6 = ___	75 + 9 = ___
84 + 8 = ___	76 + 7 = ___	65 + 9 = ___	53 + 8 = ___

Bleib in Form!

4 Ergänze auf den nächsten Zehner.

17 + 3 = 20	28 + ___ = ___	63 + ___ = ___	85 + ___ = ___
68 + ___ = ___	59 + ___ = ___	32 + ___ = ___	27 + ___ = ___
35 + ___ = ___	41 + ___ = ___	26 + ___ = ___	52 + ___ = ___

Zehnerüberschreitung im Zahlenraum 100: Rechenwege
2) Unterstützung durch Legematerial falls nötig.

8. Wie rechnest du?

1 Nora rechnet anders.
Beschreibe, wie sie die Aufgabe löst.

27 + 5 = ☐

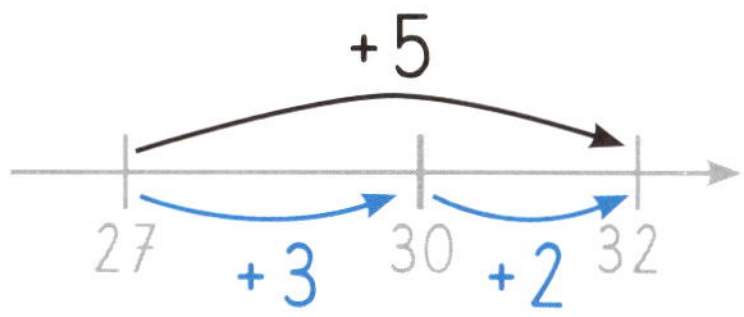

27 + 5 = 32
3 2

2 Rechne zuerst bis zum nächsten Zehner, dann weiter.

35 + 6 = ☐ (☐ ☐)

48 + 5 = ☐ (☐ ☐)

87 + 6 = ☐ (☐ ☐)

75 + 8 = ☐ (☐ ☐)

3 Rechne.

28 + 2 = 30	57 + 3 = ☐	64 + 6 = ☐	36 + 4 = ☐
28 + 3 = ☐	57 + 5 = ☐	64 + 9 = ☐	36 + 6 = ☐

4 Finde Rechnungen und schreibe sie in dein Heft.

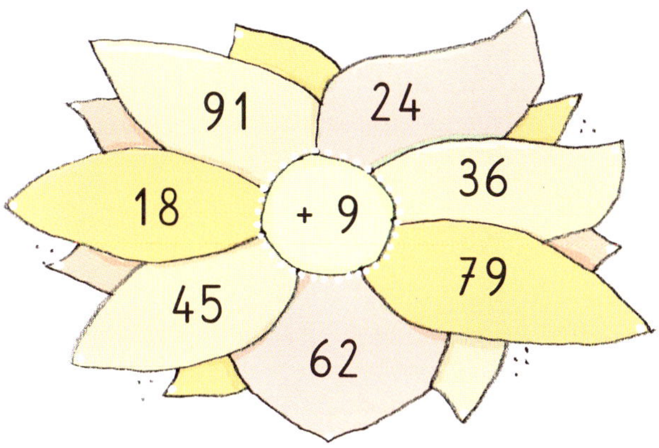

5 Rechne im Heft.

a)	b)	c)	d)	e)	f)
24 + 7	77 + 5	36 + 4	48 + 6	88 + 3	35 + 7
65 + 9	49 + 3	19 + 9	73 + 7	16 + 8	68 + 8
32 + 8	86 + 7	52 + 8	69 + 4	54 + 9	49 + 6

Zehnerüberschreitung im Zahlenraum 100: Rechenwege
4) 5) Kinder rechnen mit der Strategie, die ihnen am leichtesten fällt. Der Einsatz verschiedener Strategien ist begrüßenswert (flexibles Rechnen).

8. Wie rechnest du?

1 Rechne und erkläre, wie du die Aufgaben löst.
Vergleiche deinen Rechenweg mit anderen Kindern.

60 - 3 =	42 - 3 =	37 - 8 =
80 - 1 =	51 - 5 =	23 - 6 =
90 - 7 =	92 - 4 =	45 - 9 =
40 - 6 =	33 - 5 =	84 - 7 =
30 - 8 =	71 - 2 =	51 - 8 =
70 - 5 =	83 - 5 =	66 - 9 =

2 Beschreibe, wie Nora die Aufgabe löst.

32 - 5 =

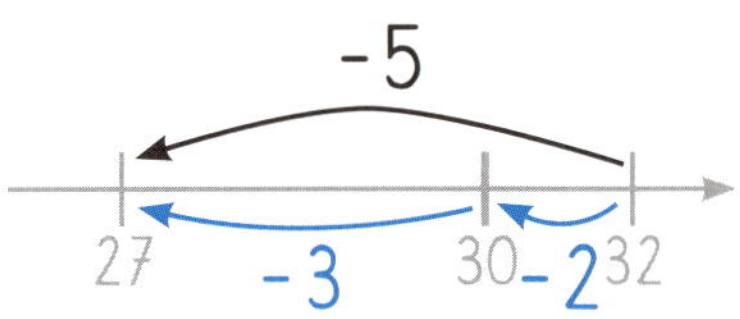

32 - 5 = 27
2 3

3 Rechne zum vorigen Zehner zurück, dann weiter.

62 - 5 =   85 - 8 =   46 - 9 =   35 - 7 =

Bleib in Form!

4 Ergänze die fehlenden Zahlen.

Zahl	3	8	7		2		10
das Doppelte	6			10		12	

Zehnerunterschreitung im Zahlenraum 100: Rechenwege
1) Die Kinder beschreiben ihre eigenen Lösungswege und versuchen auch die Lösungswege anderer Kinder zu verstehen. Unterstützung durch Legematerial (Geld oder Plättchen) falls nötig.

8. Wie rechnest du?

1 Rechne.

23 - 3 =	52 - 2 =	64 - 4 =	31 - 1 =
23 - 4 =	52 - 4 =	64 - 5 =	31 - 4 =

2 Rechne. Beschreibe deinen Rechenweg.

43 - 5 =	32 - 7 =	44 - 7 =	91 - 4 =
62 - 3 =	55 - 6 =	63 - 4 =	70 - 6 =

3 Finde Rechnungen und schreibe sie in dein Heft.

4 Rechne im Heft.

a) 87 - 9, 32 - 3, 92 - 5

b) 54 - 7, 25 - 9, 83 - 4

c) 36 - 7, 95 - 9, 61 - 4

d) 58 - 9, 33 - 7, 80 - 5

e) 25 - 6, 91 - 8, 47 - 9

f) 74 - 7, 32 - 5, 61 - 8

5 Finde die falschen Rechnungen. Schreibe sie richtig in dein Heft.

85 - 7 = 76 f	81 - 4 = 41	34 - 5 = 29	75 - 9 = 66
41 - 4 = 37 ✓	32 - 6 = 26	53 - 6 = 59	75 - 7 = 58
64 - 8 = 58	15 - 8 = 7	81 - 4 = 77	92 - 6 = 86
16 - 7 = 9	21 - 8 = 13	50 - 6 = 54	42 - 6 = 48

Zehnerunterschreitung im Zahlenraum 100: Rechenwege
2) 3) 4) Kinder rechnen mit der Strategie, die ihnen am leichtesten fällt. Der Einsatz verschiedener Strategien ist begrüßenswert (flexibles Rechnen).
5) Weiterführung: Besprechen, wie die Kinder die Aufgaben lösen. Eine einfache Möglichkeit bietet die Umkehraufgabe (Addition der beiden rechten Zahlen).

8. Wie rechnest du?

1

Name:

0

Von 0 auf 100!

Name:

0

Wer erreicht zuerst genau 100 Punkte?

Spielt zu zweit. Ihr würfelt abwechselnd.

Beginne mit der Zahl 0.

Zähle die Zahl, die du gewürfelt hast, zu deiner Zahl dazu und schreibe die neue Zahl auf.

Wer zuerst genau 100 erreicht, gewinnt.

Zehnerüber- und -unterschreitung im ZR 100

1) Spielvariante: Von 100 auf 0. Bei diesem Spiel beginnt jedes Kind bei 100 Punkten. Geübt wird dabei das Minusrechnen.

Differenzierung: einfacher und kürzer wird das Spiel, wenn Sie als Zielzahl z.B. die Zahl 30 festlegen. Schwieriger wird das Spiel, wenn die Kinder in jeder Runde zwei Würfel werfen.

8. Wie rechnest du?

1 Lies die Geschichten. Finde passende Rechnungen und schreibe sie mit kurzen Antworten in dein Heft.

a) Pascals Puzzle hat 63 Teile.
Lisas Puzzle hat 7 Teile weniger.
Wie viele Teile hat Lisas Puzzle?

R: 63 - 7 = 56
A: Lisas Puzzle hat 56 Teile.

b) Susis Puzzle hat 45 Teile.
Susi hat erst 8 Teile zusammengesetzt.
Wie viele Teile fehlen noch?

c) Nevin will ein Puzzle mit 100 Teilen legen.
Beim Zusammenbauen merkt er, dass 7 Teile fehlen.
Wie viele Teile hat das Puzzle nur noch?

d) Hanna kauft ein Puzzle mit 49 Teilen.
Sie bezahlt dafür 9 Euro.
Wie viel Geld hat Hanna noch?

★ e) Katjas Puzzle hat 48 Teile, das sind 8 Teile weniger als bei Simons Puzzle.
Wie viele Teile hat Simons Puzzle?

f) Ronnis Puzzle hat 12 Teile. Er hat schon 13 zusammengebaut.
Wie viele Teile fehlen noch?

g) Katalin sieht schlecht.
Anton hilft ihr beim Zusammensetzen eines Puzzles.
Er hat 18 Teile zusammengebaut, Katalin 9.
Wie viele Puzzleteile haben sie insgesamt gelegt?

2 ★ Helga und Mario setzen gemeinsam ein Puzzle zusammen.
Das Puzzle hat 100 Teile.
Helga hat schon 35 Teile zusammengesetzt, Mario erst 29.
Finde zwei Fragen und löse sie im Heft.

3 Erfinde Rechengeschichten zu diesen Antworten.

a) Es sind 15 Puzzleteile.

★ b) Er hat 8 Teile verloren.

Ü 35–39

Sachrechnen im ZR 100
1) Die Kinder schreiben R: für Rechnung und A: fur Antwort.
Achtung: Nicht alle Aufgaben kann man lösen.
2) 3) Verschiedene Lösungen sind möglich.

9. Malrechnen

1 Welche Rechnung passt zu welchem Kind?

CD2-8

3 mal 2

2 mal 3

2 Wie viele Würfel?
Schreibe auf zwei Arten.

Malnehmen

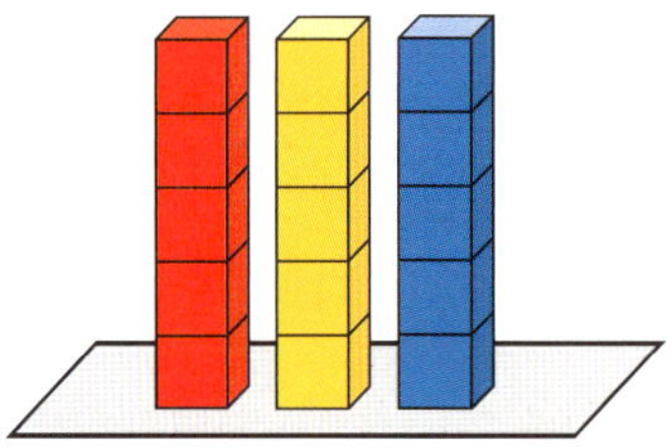

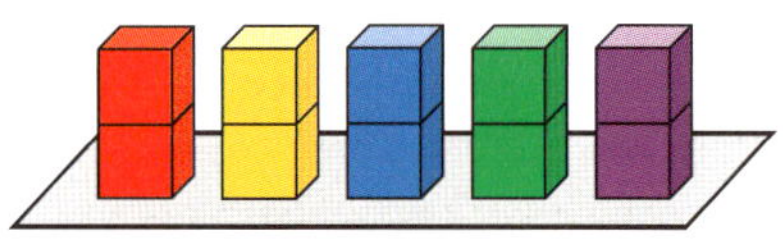

3 + 3 + 3 + 3		
4 mal 3		

Bleib in Form!

3 Nenne die Nachbarzahlen.

	15			20			43			69			80	

Malrechnen: Einführung
1) Abenteuergeschichte
Unterschied von 2 mal 3 und 3 mal 2 besprechen, Ergebnisse (Zahl der Schachteln) vergleichen.
2) Weiterführung mit Legematerial in der Klasse

9. Malrechnen

1 Finde zu jedem Bild eine Malrechnung.

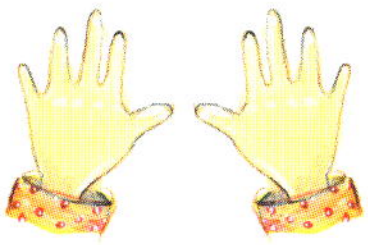

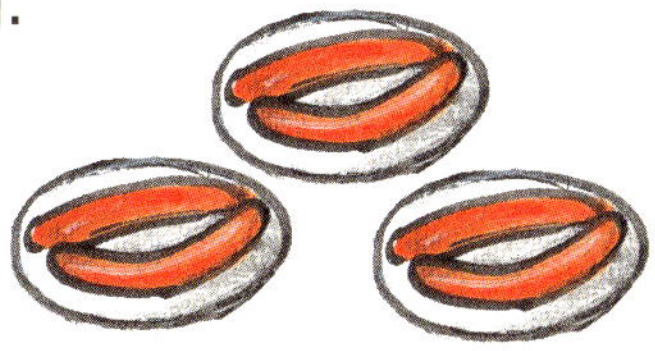

3 mal 2
3 · 2
Malpunkt

2 mal 5	2 · 5 = 10
2 mal 3	2 · 3 = 6
3 mal 2	3 · 2 = 6

4 · 2	4 · 2 = 8
3 · 10	3 · 10 = 30
5 · 2	5 · 2 = 10

2 Finde Malrechnungen zu diesen Fotos.

2 · 9 = 18

5 · 3 = 15

5 · 2 = 10

3 Lege, zeichne und schreibe die Rechnung. Vergleiche mit anderen Kindern.

3 mal 4

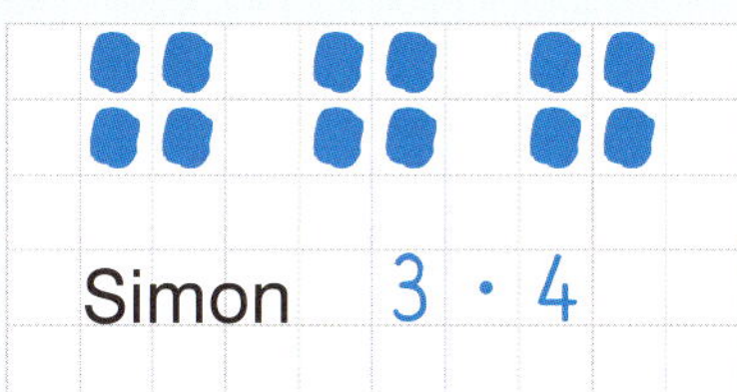

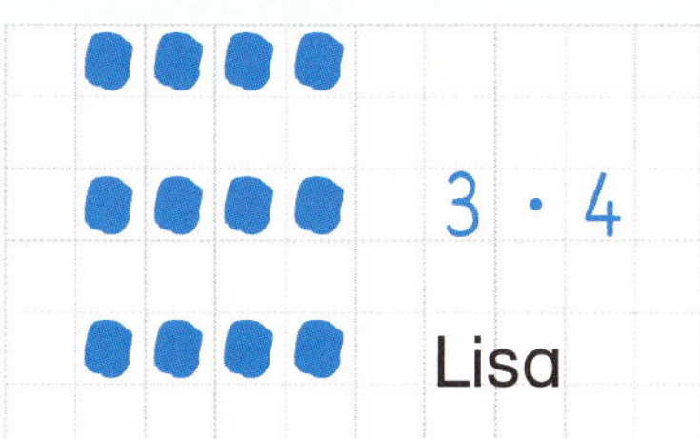

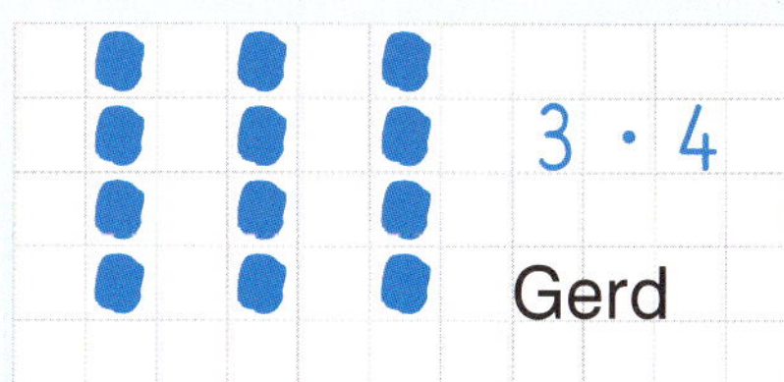

2 mal 3	4 mal 5	3 mal 6	4 mal 4	5 mal 2	3 mal 3
2 · 3 = 6	4 · 5 = 20	3 · 6 = 18	4 · 4 = 16	5 · 2 = 10	3 · 3 = 9

Malrechnen: Einführung
2) Weiterführung: Die Kinder suchen nach Dingen und Bildern in ihrer Umwelt, zu denen Malrechnungen passen.

9. Malrechnen

1 Rechne.

3 Zehner sind 30,
4 Zehner sind 40,
5 Zehner …

CD1-17/18

10 € 10 € 10 €	10 + 10 + 10 = 30 3 · 10 = 30
10 € 10 € 10 € 10 € 10 € 10 €	10 + 10 + 10 + 10 + 10 + 10 = 60 6 · 10 = 60
10 € 10 € 10 € 10 € 10 €	10 + 10 + 10 + 10 + 10 = 50 5 · 10 = 50

Rechne die 10er-Reihe.

0 · 10 = 0
1 · 10 = 10
2 · 10 = 20
3 · 10 = 30
4 · 10 = 40
5 · 10 = 50
6 · 10 = 60
7 · 10 = 70
8 · 10 = 80
9 · 10 = 90
10 · 10 = 100

2 Rechne. Was fällt dir auf?

3 · 10 = 30	9 · 10 = 90
5 · 10 = 50	4 · 10 = 40
2 · 10 = 20	7 · 10 = 70

Das ist einfach!

3 Bilde Malrechnungen mit 10.

60 = 6 · 10	90 = 9 · 10	50 = 5 · 10	30 = 3 · 10
20 = 2 · 10	40 = 4 · 10	80 = 8 · 10	100 = 10 · 10

Bleib in Form!

4 Setze <, > oder = richtig ein.

15 < 51 42 > 39 20 + 7 > 25 72 − 8 < 65

Malrechnen: 10er-Reihe
1) Weiterführung: Die Kinder legen die 10er-Reihe mit Rechengeld.
2) Bei der Rechnung „mal 10" werden die Einer zu Zehnern, es wird also nur eine Null angehängt.
TIPP Rechen-Rap

9. Malrechnen

1 Lege und rechne.

5 € 5 €

2 ·

5 € 5 € 5 € 5 € 5 € 5 € 5 €

5 €

5 € 5 € 5 €

CD1-12/18

Rechne die 5er-Reihe.

0 · 5 = ____
1 · 5 = ____
2 · 5 = ____
3 · 5 = ____
4 · 5 = ____
5 · 5 = ____
6 · 5 = ____
7 · 5 = ____
8 · 5 = ____
9 · 5 = ____
10 · 5 = ____

2 Rechne.

3 · 5 =	10 · 5 =	8 · 5 =
5 · 5 =	4 · 5 =	6 · 5 =
2 · 5 =	1 · 5 =	7 · 5 =

3 Hüpfe am Zahlenstrahl immer um 5 weiter, schreibe die Zahlen der 5er-Reihe.

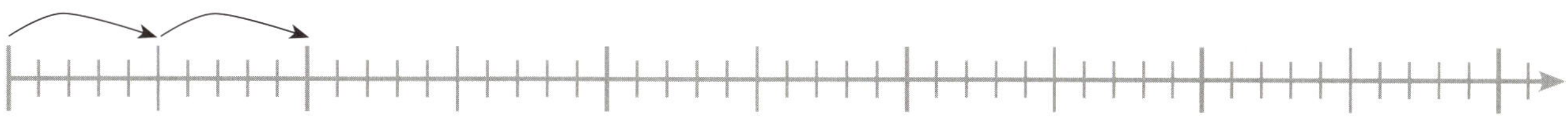

0 5

4 Rechen – Rap
Übe die 5er-Reihe mit Musik.

CD1-12

Malrechnen: 5er-Reihe
1) Weiterführung: Die Kinder legen alle Aufgaben der 5er-Reihe mit Rechengeld und schreiben die Rechnungen ins Heft.
2) Unterstützung durch Legematerial falls nötig

9. Malrechnen

1 Schreibe immer zwei Malrechnungen.

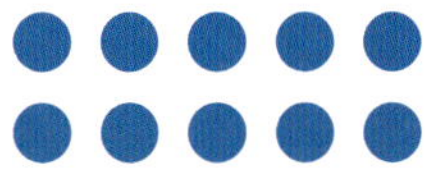

2 · 5 =

5 ·

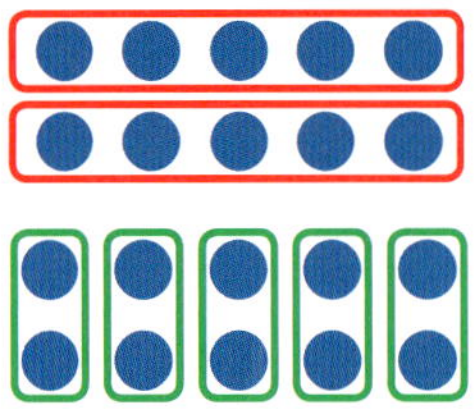

2 mal 5

oder

5 mal 2

je nachdem, wie man es sieht …

Tauschaufgabe

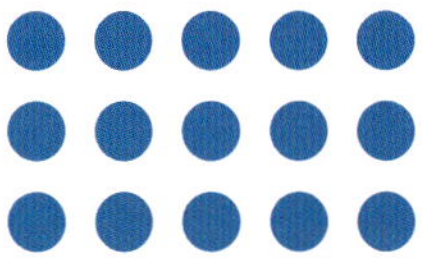

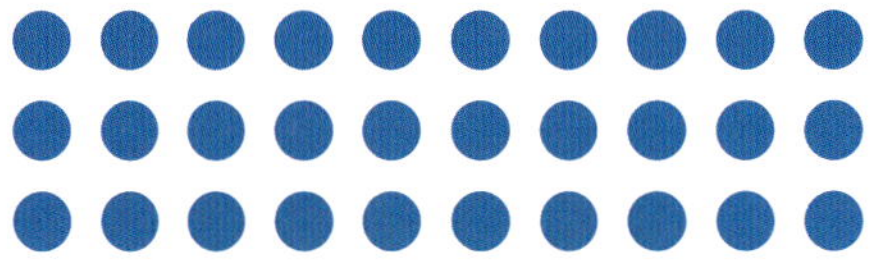

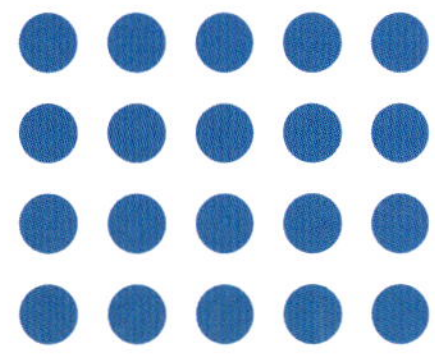

2 Lege die Rechnungen der 5er-Reihe mit Legeplättchen.

Schreibe immer zwei Malrechnungen.

3 Rechne und bilde die Tauschaufgabe.

6 · 5 =

9 · 10 =

5 · 10 =

4 · 5 =

Bleib in Form!

4 Ordne die Geldscheine vom kleinsten bis zum größten.

1.

Malrechnen: Tauschaufgaben

2) Weiterführung: Die Kinder legen verschiedene Malrechnungen (nicht nur aus der 5er-Reihe) und schreiben jeweils zwei Rechnungen dazu auf.

9. Malrechnen

1 Löse die Aufgaben mit Malrechnungen.

a) Eine Packung Spielkarten kostet 5 €.
Wie viel kosten 3 Packungen?

R: 3 · 5 = 15

A: Drei Packungen kosten 15 €.

b) Frau Berger kauft 7 Trinkgläser.
Ein Glas kostet 5 €.
Wie viel bezahlt Frau Berger?

c) Ein Spielzeugauto kostet 10 €.
Radan kauft 4 Stück.
Wie viel kostet das?

d) Ein Paar Handschuhe kostet 10 €.
Familie Huber kauft 3 Paar.
Wie viel kostet das?

2 Wenn Franko seiner Großmutter beim Putzen hilft,
dann gibt sie ihm dafür 5 €.
Letzten Monat hat Franko ihr 3 Mal geholfen.
Wie viel Geld hat er verdient?

3 Rita hat einen Turm gebaut.

a) Aus wie vielen Würfeln besteht der Turm?

b) Wie viele Würfel braucht Rita,
wenn sie 7 solche Türme bauen will?

c) Baue selbst 3 solcher Türme.
Wie viele Würfel brauchst du dafür?

Malrechnen: Sachaufgaben
1) 2) Unterstützung durch Legegeld falls nötig.
1) Weiterführung: Rollenspiel Kaufmannsladen

10. Null mal, 1 mal, 2 mal

1 Wie viel müssen die Kinder bezahlen?
Finde eine Malrechnung zu jedem Kind.

CD2-9

Philipp: ___ · 5 = ___   Linn: ___ · 5 = ___   Cedric: ___ · 5 = ___

Aron: ___ · 5 = ___   Nora: ___ · 5 = ___

Der Inspektor rechnet 10 · 5 = ___ . Was sagt das Ergebnis aus?

2 Malrechnen mit 0. Was fällt dir auf?

0 · 2 = ___	0 · 5 = ___	10 · 0 = ___	0 · 15 = ___
2 · 0 = ___	5 · 0 = ___	0 · 10 = ___	15 · 0 = ___

3 Malrechnen mit 1. Was fällt dir auf?

1 · 5 = ___	1 · 2 = ___	1 · 10 = ___	1 · 27 = ___
5 · 1 = ___	2 · 1 = ___	10 · 1 = ___	27 · 1 = ___

Bleib in Form!

4 Rechne Plus und Minus mit 0. Was fällt dir auf?

15 + 0 = ___   0 + 24 = ___   65 − 0 = ___   100 − 0 = ___

Malrechnen: 0 mal, 1 mal
1) Abenteuergeschichte
1) 2) Besprechen Sie die Bedeutung von 0 mal mit den Kindern.
Zum Unterschied ist 0 bei der Plus- und Minusrechnung in Aufgabe 4) thematisiert.

10. Null mal, 1 mal, 2 mal

1 Finde Malrechnungen und löse sie.

2 mal,
doppelt,
das Doppelte

6 + 6 = 12	2 + 2 =	9 + 9 =	
2 · 6 = 12			
8 + 8 =	7 + 7 =	5 + 5 =	30 + 30 =

2 Finde die fehlenden Zahlen.

Zahl	4	6		7	0		1	10
das Doppelte			10			16		

3 Ergänze die Zahlen in den grünen Ronnie Ratz-Maschinen.

CD1-9/18

2 · ↓

2	5	3	0

2 · ↓

1	4	7	10

Rechne die 2er-Reihe.

0 · 2 = ____
1 · 2 = ____
2 · 2 = ____
3 · 2 = ____
4 · 2 = ____
5 · 2 = ____
6 · 2 = ____
7 · 2 = ____
8 · 2 = ____
9 · 2 = ____
10 · 2 = ____

4 Rechne und bilde die Tauschaufgabe.

2 · 4 =	2 · 5 =	2 · 7 =
4 · 2 =		
2 · 3 =	2 · 9 =	2 · 8 =

Malrechnen: 2 mal, Verdoppeln, 2er-Reihe
1) Abenteuergeschichte
3) Ronni Ratz hat ein Radio, das Malrechnen kann (Rechen-Rap).
4) Die Tauschaufgabe leitet über zur 2er-Reihe, bei der nicht „2 mal“ sondern „mal 2“ gerechnet wird.

10. Null mal, 1 mal, 2 mal

1 Malreihen-Bingo!

Vorbereitung:

- **Jedes Kind** zeichnet einen Bingo-Spielplan mit 3 Reihen und 3 Spalten.
- **Der Spielleiter / Die Spielleiterin** braucht Zahlenkarten von 0 bis 10. Sie werden gemischt und als Stapel verdeckt auf den Tisch gelegt.

5 4 0 7 3 8 2 9 1 6 10

1. Bingo-Spielplan ausfüllen

Suche dir neun Zahlen der 2er-Reihe aus und schreibe sie in die Felder deines Bingo-Spielplans. Du darfst jede Zahl nur einmal schreiben.

Tamara

2	8	20
10	0	14
16	6	4

Otto

12	8	4
14	6	2
0	10	18

2. Bingo-Zahlen werden ermittelt

Der Spielleiter / Die Spielleiterin hebt eine Zahlenkarte vom Stapel ab. Wenn die Karte zum Beispiel 5 zeigt, dann rechne $5 \cdot 2 = 10$. Wenn die Zahl 10 auf deinem Plan steht, dann kannst du sie einkreisen.

5 · 2

Tamara

2	8	20
10	0	14
16	6	4

Otto

12	8	4
14	6	2
0	10	18

3. Bingo!

Wer zuerst drei Zahlen in einer Reihe eingekreist hat (waagrecht, senkrecht oder schräg), ruft „Bingo!“ und gewinnt.

Tamara **Bingo!**

2	8	20
10	0	14
16	6	4

Otto

12	8	4
14	6	2
0	10	18

Bleib in Form!

2 Rechne.

3 + 4 =

5 + 3 =

9 − 3 =

10 − 8 =

30 + 40 =

50 + 30 =

90 − 30 =

100 − 80 =

Malrechnen: Automatisierung von Reihen

1) Malreihen-Bingo kann man zum Üben jeder Malreihe verwenden.

11. Wir teilen gerecht

1 Warum können die Trolle ihre 11 Münzen nicht gerecht teilen?

CD2-10

2 Gerade oder ungerade?

Teile Plättchen unter zwei Kindern auf.
Wenn kein Plättchen übrig bleibt,
ist die Zahl gerade,
sonst ist sie ungerade.

a) 4 Plättchen

b) 7 Plättchen

c) 10 Plättchen

d) 14 Plättchen

e) 19 Plättchen

f) 26 Plättchen

teilen,
gerade,
ungerade

3 Gerade oder ungerade?
Lege, zeichne und entscheide.

a) Zwei Kinder teilen 6 Plättchen.

b) Zwei Kinder teilen 3 Plättchen.

c) Zwei Kinder teilen 8 Plättchen.

d) Zwei Kinder teilen 10 Plättchen.

e) Zwei Kinder teilen 15 Plättchen.

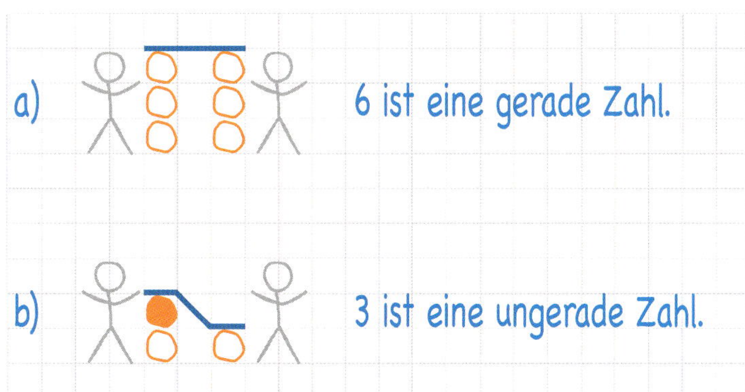

Teilen, gerade Zahlen, ungerade Zahlen
1) Abenteuergeschichte
2) Weiterführung: Die Kinder führen eine Liste für gerade und eine für ungerade Zahlen. Sie suchen selbst noch Zahlen aus, die sie teilen.

11. Wir teilen gerecht

1 Spielt zu zweit.

Gerade oder ungerade?

Ein Kind wählt gerade, das andere ungerade. Dann zeigen die Kinder gleichzeitig eine Zahl mit den Fingern. Sie rechnen ihre Zahlen zusammen. Das Ergebnis entscheidet, wer gewonnen hat.

2 Höre zu und zeige die Zahlen mit Zahlenkarten.

Eine **ungerade** Zahl, die kleiner ist als 5.

Eine **gerade** Zahl, die größer ist als 10.

Eine **gerade** Zahl aus der 5er-Reihe. Sie ist kleiner als 20.

3 Finde die fehlenden Zahlen.

Zahl	4	6	10	8	2
die Hälfte					

die Hälfte, halbieren

★

Zahl	18	40		24	0		50	
die Hälfte			7			14		11

Bleib in Form!

4 Bilde Malrechnungen mit 2.

4 = ☐ · 2   20 = ☐ · 2   10 = ☐ · 2   2 = ☐ · 2

6 = ☐ · 2   18 = ☐ · 2   12 = ☐ · 2   0 = ☐ · 2

Gerade und ungerade Zahlen, die Hälfte
2) L sagt weitere Zahlen an oder beschreibt weitere Zahlen. Alle Kinder zeigen die Lösungen mit ihren Zahlenkarten. Auch Kinder können ansagen.

11. Wir teilen gerecht

Für geteilt durch zwei schreiben wir : 2.

1 Rechne und bilde die Umkehraufgabe.

6 : 2 = ___ , weil 2 · 3 = 6
10 : 2 = ___ , weil ___ · ___ = 10
8 : 2 = ___ , weil ___ · ___ = 8
18 : 2 = ___ , weil ___
12 : 2 = ___ , weil ___
20 : 2 = ___ , weil ___
14 : 2 = ___ , weil ___
16 : 2 = ___ , weil ___

Teilen,
Malrechnen,
Umkehraufgabe

2 Schreibe zu jedem Bild zwei Rechnungen.

·5 / :5	·10 / :10	·2 / :2	·5 / :5
2 → 10	8 → ___	7 → ___	3 → ___
2 · 5 =			
10 : 5 =			

3 Drei Zahlen, vier Aufgaben.

a) 6, 5, 30

6 · 5 = 30
5 · 6 = 30
30 : 5 = 6
30 : 6 = 5

b) 7, 2, 14

c) 8, 10, 80

d) 9, 5, 45

e) 2, 6, 12

f) Finde weitere Aufgaben.

11. Wir teilen gerecht

1 Lies die Aufgaben und rechne im Heft.

a) Auf dem Pferdehof gibt es 12 Pferde.
Die Hälfte davon ist schwarz, die andere Hälfte ist braun.
Wie viele braune Pferde gibt es?

b) Hanna besucht die Pferde auf der Koppel.
Sie hat 16 Äpfel dabei, die sie gerecht
auf die zwei Tiere aufteilt.
Wie viele Äpfel bekommt jedes Pferd?

c) 20 Kinder kommen zur Reitstunde.
Die Betreuerin teilt sie in fünf gleich große Gruppen.
Wie viele Kinder sind in jeder Gruppe?

d) Das größte Pferd heißt Butterblume.
Es ist schon 6 Stunden auf der Weide.
Sommerwind ist erst halb so lange dort.
Wie lange ist Sommerwind schon auf der Weide?

e) Der Stalljunge hat 9 Heuballen in den Stall getragen.
Es sind aber noch zehn Mal so viele auf dem Heuwagen.
Wie viele Ballen muss er noch in den Stall tragen?

2 Denke dir selbst eine Aufgabe mit Pferden aus,
die zur Rechnung 10 : 2 passt.

Bleib in Form!

3 Rechne und bilde die Tauschaufgabe.

2 · 1 =	2 · 5 =	2 · 10 =	2 · 7 =
1 · 2 =			

2) Verschiedene Lösungen sind möglich.

12. Geometrische Rätsel

1 ★ CD2-11 Auf welchen zwei Nagelbrettern sieht man die gleiche Anzahl an Dreiecken?

2 Spanne die Figuren nach und beschreibe sie. Zeichne sie in dein Heft.

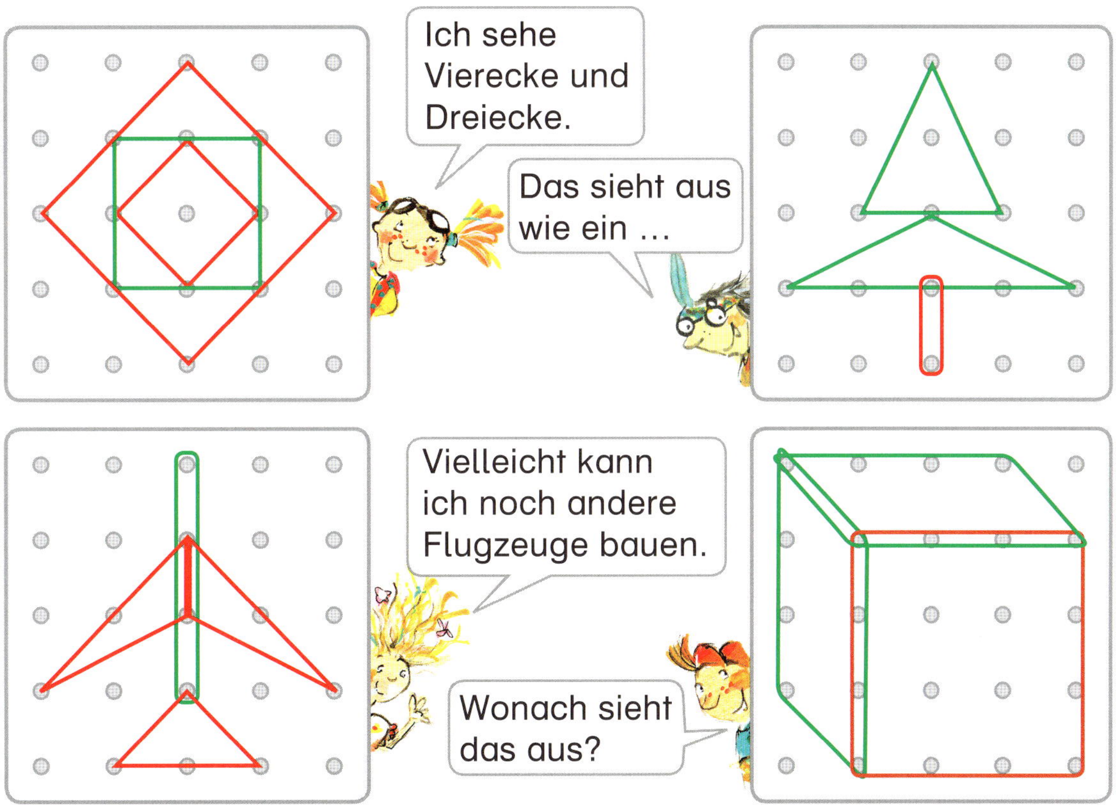

12. Geometrische Rätsel

1 Löse die Sikakus.

Sikaku

Das große Viereck wird in kleine Vierecke zerlegt. Jedes kleine Viereck muss genau eine Zahl enthalten. Diese Zahl gibt an, aus wie vielen Kästchen das Viereck besteht.

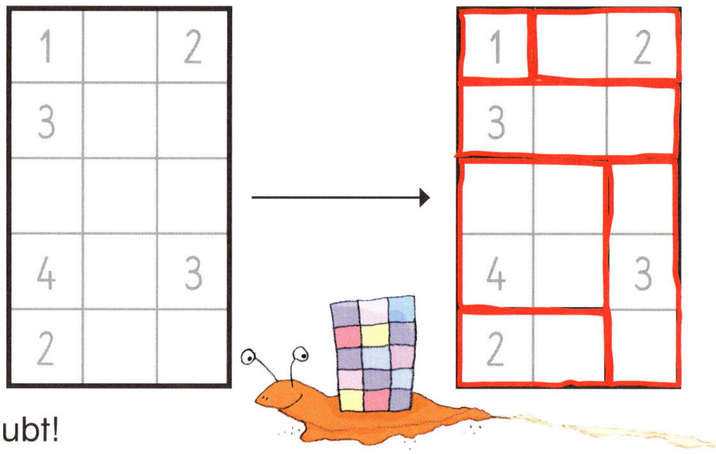

ACHTUNG: Nur Vierecke sind erlaubt!

Es gibt nur drei Möglichkeiten für die Zahl 4:

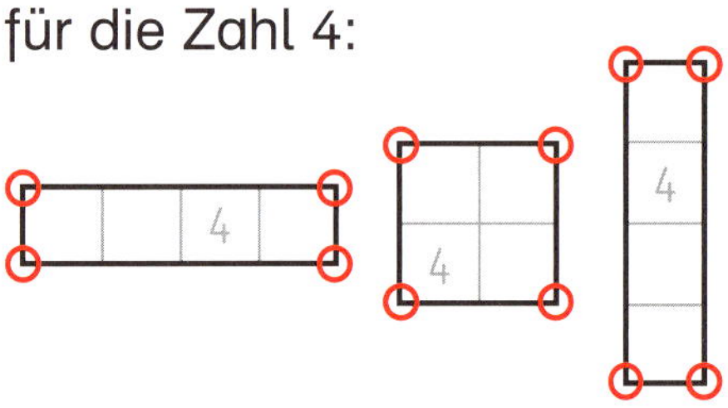

Figuren dieser Art haben mehr als 4 Ecken und sind **nicht erlaubt**:

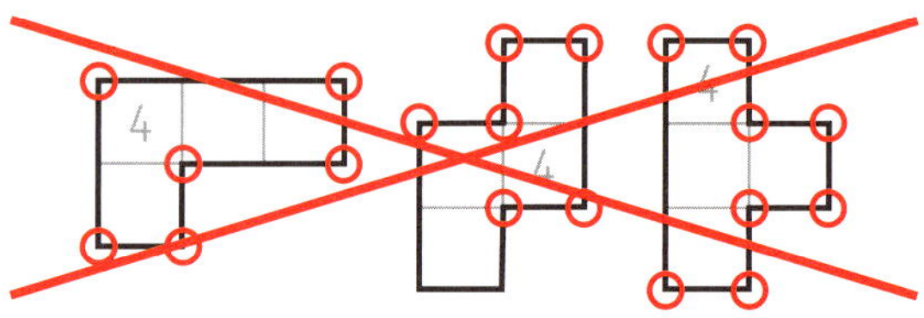

3		
3		
	3	
2	2	
	2	

	1	4
2		
1	3	
1		
	3	

6		
		3
	6	

	4		4
3			
2			3
	4		

Bleib in Form!

2 Ergänze die Zahlen in den Ronni Ratz-Maschinen.

2 · ↓ ↑ : 2

12	6	16	4		

2 · ↓ ↑ : 2

	6				
2		20	18		

Geometrie: Rätsel lösen, Logik, Kombinatorik

1) Weitere Vorlagen und Anregungen findet man im Zeitschriftenhandel und im Internet.

12. Geometrische Rätsel

1 ★ Löse die Sikakus.

			2	
	8			
		6		
				4
	5			

	1		9	
3				
	2			
			10	

2				
2		4		2
		5		
	4			
		6		

2 Gestalte selbst Sikaku-Rätsel
und gib sie einem anderen Kind zum Lösen.

3 Gianni will die Tische frei im Raum verteilen.
Zeichne Skizzen und schreibe die Ergebnisse in die Tabelle.

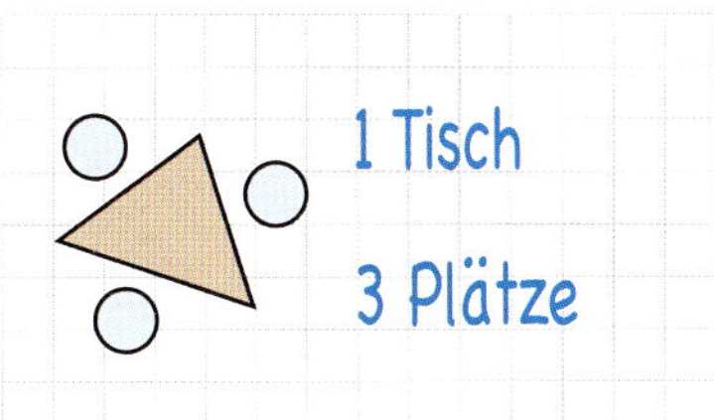

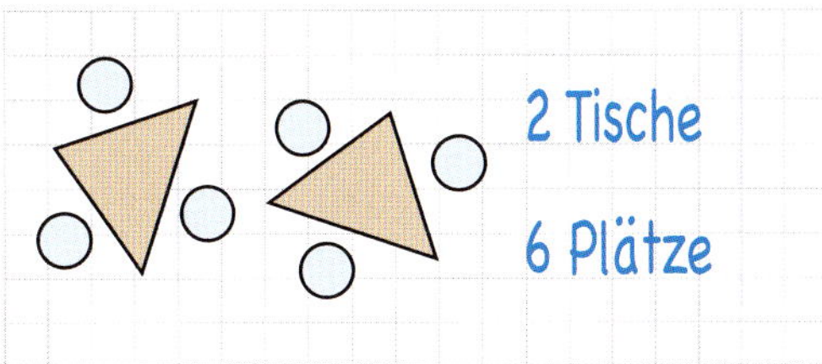

Tische	1	2	3	4	5	6	7	8	9	10
Plätze	3									

4 ★ Gianni überlegt, wie viele Leute Platz hätten,
wenn er die Tische aneinander stellt.

a) Zeichne Skizzen und schreibe
die Ergebnisse in eine Tabelle.

b) Warum gibt es bei doppelt so vielen
Tischen nicht doppelt so viele Plätze?
Besprich deine Überlegungen
mit einem anderen Kind.

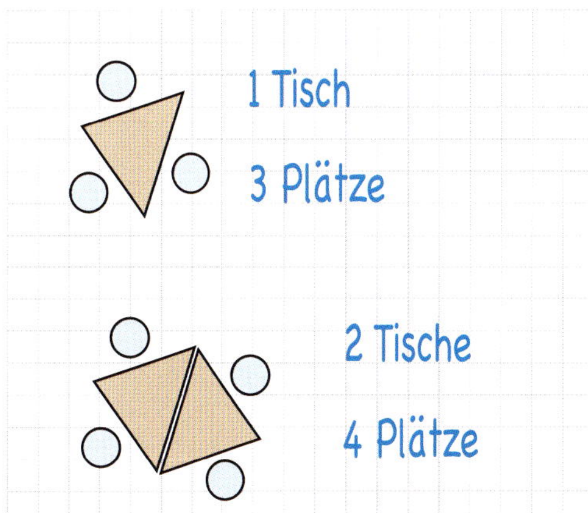

Geometrie: Rätsel lösen, mit Skizzen arbeiten
3) 4) Weiterführung: Die Kinder lösen die gleichen Aufgaben mit quadratischen Tischen.

13. Einzahlen und abheben

1 Rechne aus, wie viele Euro die Kinder auf der Bank haben.

CD2-12

2 Rechne und erkläre, wie du die Aufgaben löst.
Vergleiche deinen Rechenweg mit anderen Kindern.

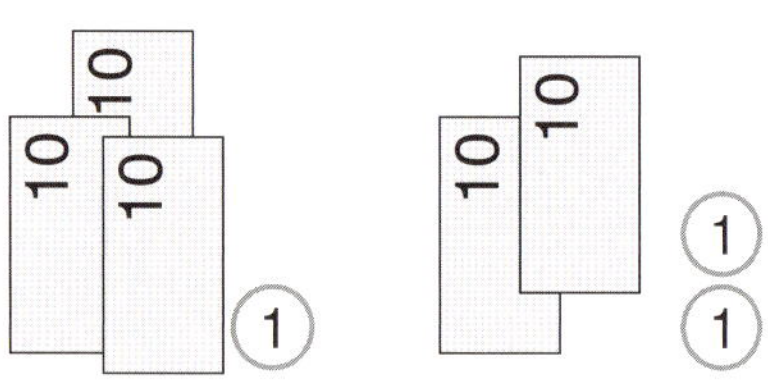

31 + 22 =

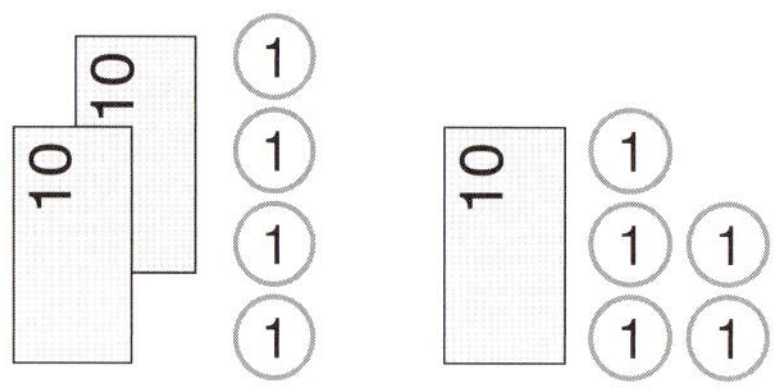

24 + 15 =

52 + 36 =	41 + 33 =	38 + 31 =	73 + 16 =
17 + 72 =	65 + 12 =	25 + 53 =	23 + 46 =

Bleib in Form!

3 Zähle in 5er-Schritten von 0 bis 100 und zurück.

0 5 10 15 20 … 85 90 95 100

Plusrechnen mit gemischten Zehnern
1) Abenteuergeschichte
2) Die Kinder beschreiben ihre eigenen Lösungswege und versuchen auch, die Lösungswege anderer Kinder zu verstehen.
Typische Strategien werden auf der nächsten Seite von Aron und Nora vorgestellt.

13. Einzahlen und abheben

1 Beschreibe, wie Aron rechnet und löse die Aufgaben auf seine Art.

62 + 27

60 + 20 = 80
2 + 7 = 9
80 + 9 =

25 + 41

20 + 40 =
5 +

54 + 32

Aron

2 Beschreibe, wie Nora rechnet und löse die Aufgaben auf ihre Art.

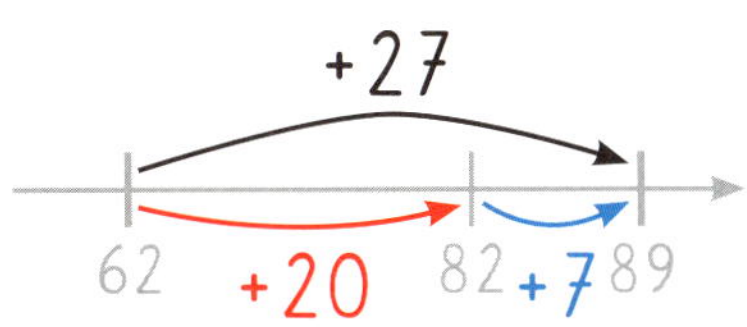

62 + 27

62 + 20 = 82
62 + 27 =

42 + 34

42 + 30 =
42 +

35 + 13

35 +

Nora

3 Rechne. Beschreibe deinen Rechenweg.

a)	b)	c)	d)	e)
22 + 23	61 + 15	45 + 31	66 + 21	13 + 54
25 + 43	71 + 27	37 + 42	41 + 41	44 + 35
35 + 13	82 + 12	57 + 32	31 + 17	32 + 32
76 + 23	43 + 44	55 + 23	36 + 33	63 + 26

Plusrechnen mit gemischten Zehnern: Rechenwege
1) 2) Das Aufschreiben der Zwischenrechnungen soll den Rechenweg explizit zeigen. Die Kinder sollen jedoch lernen, diese Aufgaben im Kopf zu rechnen. Besprechen Sie Vor- und Nachteile der beiden Rechenwege mit den Kindern.
3) Notation von Zwischenrechnungen oder Zwischenergebnissen falls nötig.

13. Einzahlen und abheben

1 Rechne und erkläre, wie du die Aufgabe löst.
Vergleiche deinen Rechenweg mit anderen Kindern.

73 - 53 = 　　96 - 55 = 　　47 - 35 =

95 - 32 = 　　78 - 44 = 　　62 - 42 =

2 Löse die Aufgaben mit Legematerial.

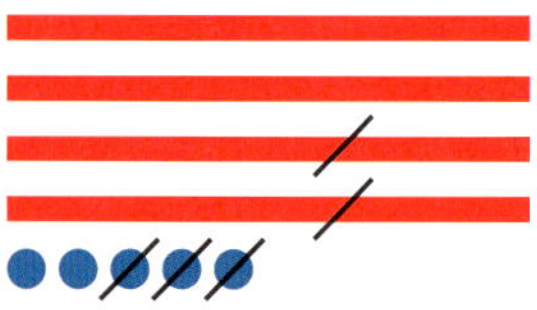

45 - 23 =

44 - 13 = 　　75 - 51 =

59 - 16 = 　　67 - 35 =

38 - 12 = 　　86 - 24 =

3 Beschreibe, wie Nora rechnet
und löse die Aufgaben auf ihre Art.

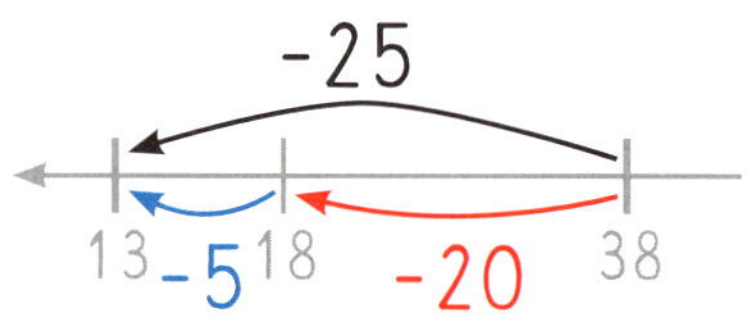

38-25

38 - 20 =

38 - 25 =

49-14

49 - 10 =

49 - 14 =

88-36

88 - 30 =

73-21

73 -

65-44

Nora

Bleib in Form!

4 Wie viel Geld ist das?

a) 10 € 2€ 2€

b) 5 € 1€ 20 €

c) 50 € 1€ 1€

d) 20 € 2€ 20 € 1€

Minusrechnen mit gemischten Zehnern: Rechenwege
1) Auch Legegeld eignet sich dafür.
2) Die Kinder beschreiben ihre eigenen Lösungswege und versuchen auch, die Lösungswege anderer Kinder zu verstehen.
3) Nora rechnet in zwei Schritten: Erst die Zehner weg, dann die Einer.

13. Einzahlen und abheben

1 Rechne.

36 - 10 = 26	54 - 20 = 34	48 - 10 = 38	67 - 30 = 37
36 - 12 = 24	54 - 21 = 33	48 - 15 = 33	67 - 34 = 33
53 - 20 = 33	95 - 50 = 45	79 - 10 = 69	38 - 20 = 18
53 - 22 = 31	95 - 53 = 42	79 - 15 = 64	38 - 27 = 11

2 Rechne. Beschreibe deinen Rechenweg.

a)	b)	c)	d)	e)
34-11	94-51	18-12	66-31	36-24
45-23	38-14	98-52	88-34	38-26
63-12	75-43	76-35	56-23	52-21
86-54	88-38	57-43	95-61	44-13

3 Ergänze die Zahlenmauern.

39
27 12
23 4 8

93
41 52
11 30 22

89
42 47
2 40 7

89
34 55
13 21 34

97
64 33
43 21 12

86
16 70
6 10 60

99
53 46
22 31 15

99
46 53
25 21 32

4 ★ Ergänze die Zahlenmauern.

79
46 33
25 21 12
4 21 0 12

89
37 52
17 20 32
2 19 11 21

99
63 36
41 22 14
30 11 11 3

91

Spitze!!

13. Einzahlen und abheben

1 Die Kinder kommen mit ihren Sparbüchern zur Bank.
Manche zahlen etwas ein, andere heben etwas ab.
Rechne aus, wie viel Geld sie danach auf dem Sparbuch haben.

a) Elfi hat 34 € auf ihrem Sparbuch.
Sie zahlt heute noch 21 € ein.

R: 34 + 21 = 55
A: Elfi hat jetzt 55 €.

b) Angela zahlt 23 € ein.
Davor hatte sie schon 75 € auf dem Sparbuch.

75+23=98
Angela hat jetzt 98€

c) Sarah hat auf ihrem Sparbuch 53 €. Sie hebt 32 € ab.

d) Gregor hat 94 € auf seinem Sparbuch.
Er hebt heute 60 € ab.

e) Lukas hat von seinem Onkel 30 € bekommen.
Davon zahlt er die Hälfte ein.
Auf dem Sparbuch hatte er zuvor 50 €.

f) Adam hebt 64 € ab.
Jetzt hat er noch 23 € Guthaben.
Wie viel Euro waren es vorher?

g) Luisa hat kein Sparbuch. Sie will 75 € abheben.

SPARBUCH

Datum		Betrag	Guthaben
29.10.2018	EIN	40,00	****40,00
15.12.2018	EIN	12,00	****52,00

2 Erfinde selbst eine Aufgabe mit einem Sparbuch bei der man
a) Plusrechnen muss b) Minusrechen muss
und löse sie.

Bleib in Form!

3 Auf einen Blick: Wie viel Geld ist das?

a) 50 € 20 €

b) 10 € 1 € 10 € 2 €

c) 10 € 2 € 20 €

d) 5 € 5 € 5 € 2 €

Sachrechnen
1) Nicht alle Aufgaben sind lösbar.

Malrechnen: 3er-Reihe

1 Viktoria bekommt jede Woche 3 € Taschengeld. Wie viel hat sie gespart?

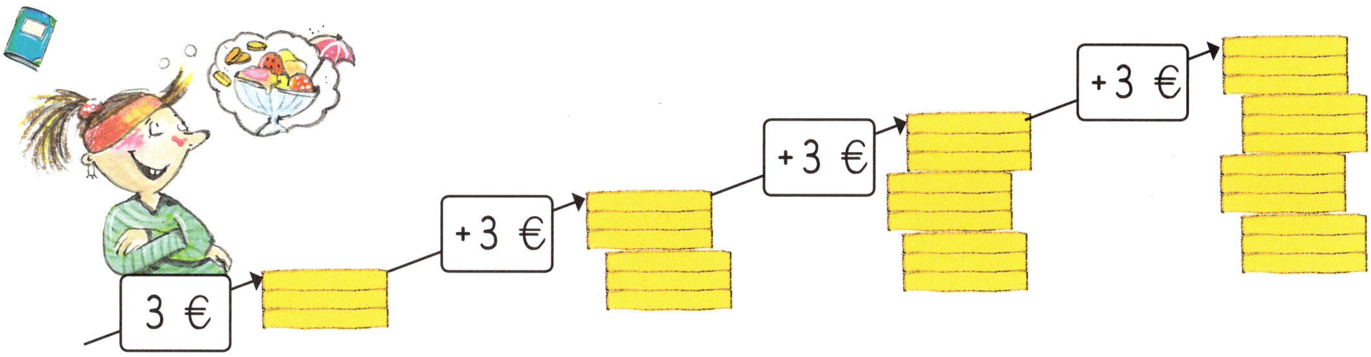

1 Woche sparen	2 Wochen sparen	3 Wochen sparen	4 Wochen sparen
1 · 3€ = 3€	2 · 3€ =		

2 Wie viele Wochen muss Viktoria für diese Dinge sparen?

5 Wochen		

3 Rechne mit Klappkarten. Was fällt dir auf?

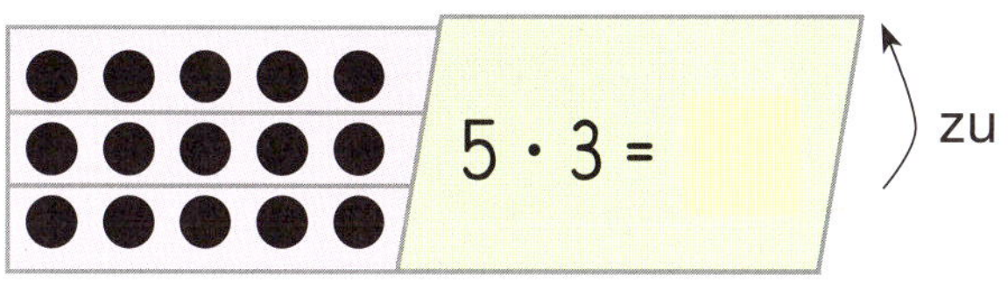

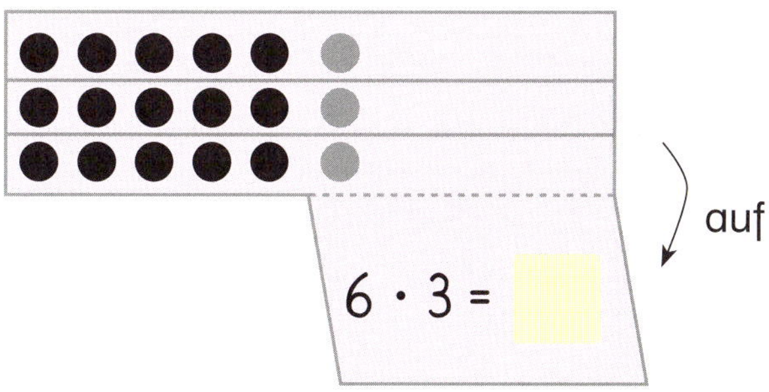

Rechne die 3er-Reihe.

0 · 3 = ____
1 · 3 = ____
2 · 3 = ____
3 · 3 = ____
4 · 3 = ____
5 · 3 = ____
6 · 3 = ____
7 · 3 = ____
8 · 3 = ____
9 · 3 = ____
10 · 3 = ____

Sachrechnen, 3er-Reihe
3) Klappkarten helfen Zusammenhänge zwischen Malrechnungen zu erkennen und zu nutzen.
Arbeiten Sie mit einem Satz Karten für die Klasse.

14. Das kann ich schon!

1 Rechne.

29 + 6 = 35 (1 5)   44 + 7 = ___   55 + 3 = ___   64 + 7 = ___

78 + 5 = ___   25 + 9 = ___   18 + 6 = ___   49 + 6 = ___

2 Rechne.

86 − 8 = 78 (6 2)   44 − 9 = ___   17 − 8 = ___   31 − 7 = ___

32 − 5 = ___   56 − 8 = ___   92 − 9 = ___   84 − 5 = ___

3 Finde Fragen und löse die Aufgaben.

a) Der Fahrradverleih hat 80 Fahrräder.
25 davon sind Kinderfahrräder.

b) Am Vormittag wurden 9 Fahrräder ausgeliehen,
am Nachmittag wurden 35 Fahrräder ausgeliehen.

c) Der Fahrradverleih hat 20 Elektrofahrräder.
Vier davon sind leider kaputt.

d) Hannes will heute alle 32 Tandems putzen.
Acht Tandems hat er schon fertig.

Bleib in Form!

4 Ergänze die Zahlen in den Ronni Ratz-Maschinen.

·3 ↓ / ↑ :3

4	5	2	8		
				9	21

·2 ↓ / ↑ :2

2	8		3		0
		20		14	

Wiederholung: Plus- und Minusrechnen mit Über- bzw. Unterschreitung, Sachrechnen
1) 2) Notation der Zahlzerlegung als Unterstützung falls nötig.

14. Das kann ich schon!

1 Rechne mit Klappkarten. Was fällt dir auf?

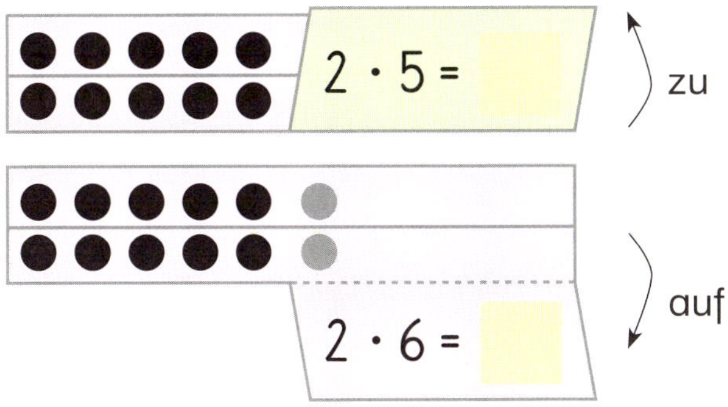

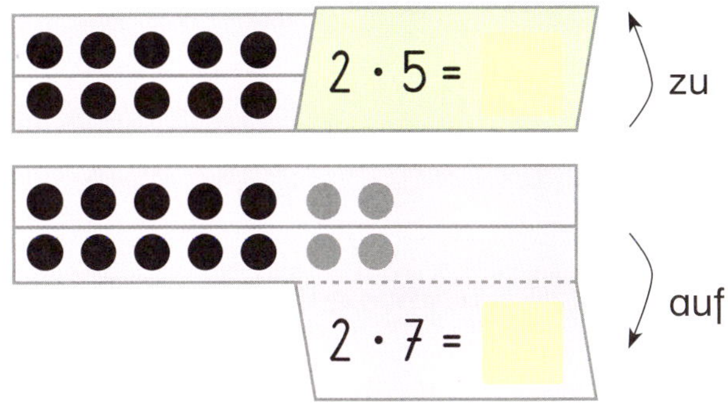

2 Rechne und bilde die Tauschaufgabe.

4 · 5 =	8 · 2 =	6 · 3 =	7 · 10 =
5 · 4 =			

3 Giannis Gasthaus hat viele Zimmer.
Zeichne zu jedem Zimmer eine Skizze und rechne aus, wie viele Sessel er jeweils aufstellen kann.

a) Das weiße Zimmer hat drei Tische, um die er jeweils sechs Sessel stellen kann.

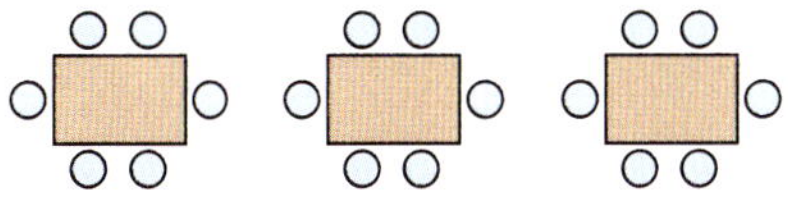

b) Das rote Zimmer hat fünf Tische, um die er jeweils sechs Sessel stellen kann.

c) Das grüne Zimmer hat fünf Tische, um die er jeweils vier Sessel stellen kann.

d) Im Extrazimmer stehen zwei große runde Tische. An jedem Tisch haben 10 Personen Platz.

★ e) Im großen Saal sind 7 Tische. An jedem Tisch sollen 2 Paare Platz nehmen können.

4 ★ Denke dir eine Rechengeschichte zu diesen Malrechnungen aus. Erzähle sie und löse die Aufgabe.

a) 3 · 2 b) 7 · 5 c) 2 · 10 d) 4 · 3

Wiederholung: Malrechnen, Sachaufgaben
1) Die Klappkarten verdeutlichen Zusammenhänge zwischen Malrechnungen. Hier: $2 \cdot 6 = 2 \cdot 5 + 2 \cdot 1$ beziehungsweise $2 \cdot 7 = 2 \cdot 5 + 2 \cdot 2$
4) Weiterführung: Die Kinder schreiben passende Sachaufgaben auf und lösen sie.

14. Das kann ich schon!

1 Rechne und bilde die Umkehraufgabe.

6 : 2 = 3, weil 3 · 2 = 6	25 : 5 = ___, weil ___
20 : 5 = ___, weil ___ · ___ = 20	20 : 2 = ___, weil ___
18 : 2 = ___, weil ___	12 : 4 = ___, weil ___

2 Rechne.

16 : 2 = ___	30 : 5 = ___	50 : 10 = ___	15 : 3 = ___
2 : 2 = ___	45 : 5 = ___	80 : 10 = ___	27 : 3 = ___
14 : 2 = ___	10 : 5 = ___	30 : 10 = ___	18 : 3 = ___

3 Rechne und schreibe die Antworten.

a) Gianni kocht Reis für die Schulküche.
Er hat 12 Becher Wasser in einen Topf gegossen.
Jetzt muss er halb so viel Reis dazugeben.
Wie viele Becher sind das?

b) 18 Äpfel sollen auf drei Obstteller verteilt werden.
Wie viele Äpfel kommen auf jeden Teller?

c) Auf ein Backblech passen 5 Semmeln.
Wie viele Backbleche braucht man für 20 Semmeln?

d) Auf ein Wurstbrot legt Gianni 4 Wurstscheiben.
Wie viele Wurstscheiben braucht er für 10 Brote?

★ e) Cedric, Linn, Philipp, Nora und Aron sammeln 24 Nüsse.
Wie viele Nüsse bekommt jeder, wenn sie gerecht teilen?
Bleiben Nüsse übrig?

Bleib in Form!

4 Gerade oder ungerade?
Male gerade Zahlen blau und ungerade Zahlen rot an.

10   7   2   15   4   13   14   20

Wiederholung: Teilen, Sachaufgaben
3) Unterstützung durch Legematerial falls nötig.

14. Das kann ich schon!

1 Spanne die Figuren nach.
Was stellen sie dar?

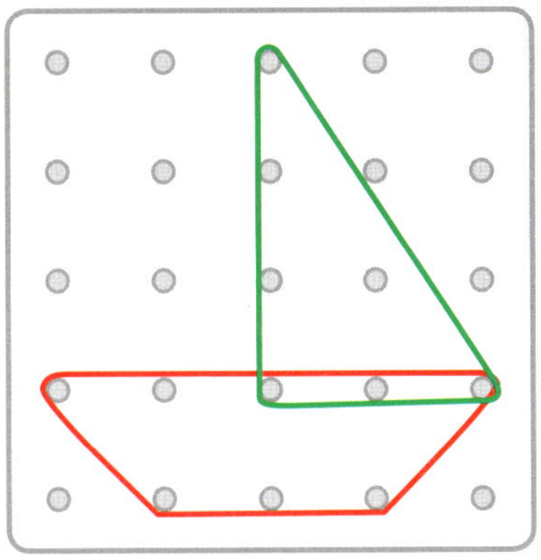

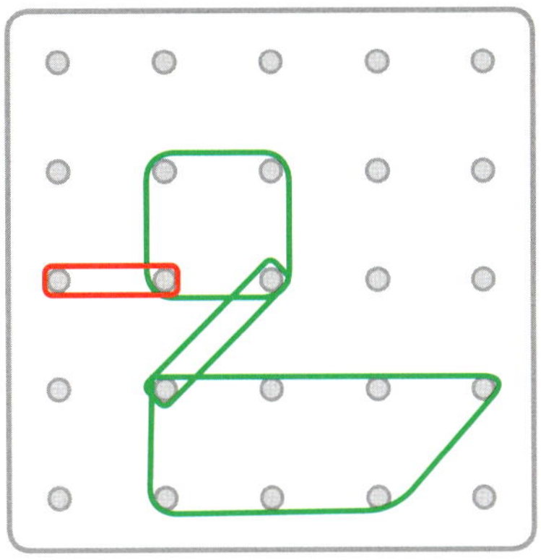

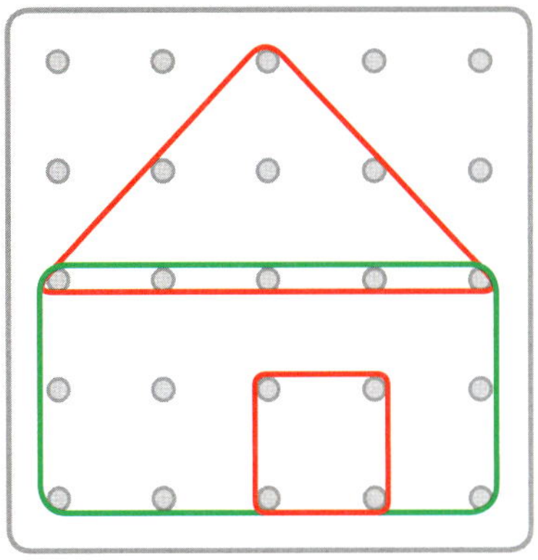

Welche geometrischen Figuren findest du in den Bildern?
Wie viele sind es?

☐ Dreiecke ☐ Vierecke ☐ Kreise

2 Löse die Sikakus.

3					4
6		3	2		
			1	2	
				3	

	9	
4		
		2
	9	

			4		
	4	8			
2					
				4	
				1	2
16				1	

2				1	2				9		
2			4	3			2				
	3				5						3

14. Das kann ich schon!

1 Wie viel Euro sind das?

a)
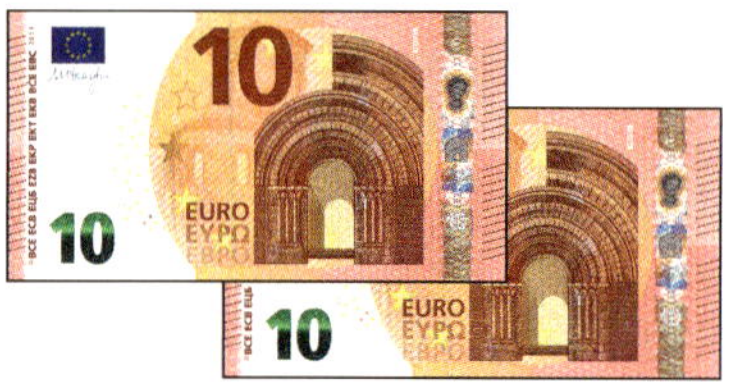

☐ €

b)

☐ €

c)

☐ €

d)

☐ €

e)

☐ €

f)

☐ €

2 Spiele mit einem anderen Kind „Geld wechseln“.
Verwende dafür Spielgeld.

Können Sie mir bitte
10 Euro wechseln?
Ich brauche 2-Euro-Münzen
für den Bus.

Können Sie mir bitte
einen Euro wechseln?
Ich brauche
10-Cent-Münzen.

Bleib in Form!

3 Malreihen-Bingo.

2er-Reihe

4	12	20
16	18	14
2	6	10

3er-Reihe

24	18	27
6	30	3
9	15	12

10er-Reihe

50	90	20
10	30	60
70	40	80

Wiederholung: Größen, Euro
3) Erläuterung Malreihen-Bingo siehe Seite 54.

14. Das kann ich schon!

1 Rechne.

34 + 10 =	52 + 30 =	43 + 20 =	31 + 40 =
34 + 12 =	52 + 35 =	43 + 24 =	31 + 46 =

2 Rechne.

7 + 2 =	1 + 3 =	4 + 2 =	1 + 6 =
40 + 20 =	30 + 50 =	10 + 40 =	60 + 30 =
47 + 22 =	31 + 53 =	14 + 42 =	61 + 36 =

3 Rechne.

67 - 20 =	45 - 10 =	78 - 40 =	96 - 30 =
67 - 23 =	45 - 12 =	78 - 45 =	96 - 34 =

4 Rechne.

42 + 16 =	34 + 33 =	96 - 43 =	85 - 54 =
25 + 31 =	14 + 62 =	78 - 26 =	69 - 17 =
67 + 12 =	55 + 32 =	24 - 14 =	97 - 42 =

5 Finde Fragen, rechne und schreibe die Antworten ins Heft.

a) Die 23 Kinder der Klasse 2a und die 25 Kinder der Klasse 2b machen gemeinsam einen Ausflug.

b) In einem Bus sitzen 35 Menschen. Elf Plätze sind noch frei.

c) Ein Wagon hat Platz für 84 Personen. 23 Plätze sind noch frei.

d) In einer Straßenbahn sind 96 Menschen. 41 davon haben einen Sitzplatz, die anderen müssen stehen.

Knobelaufgabe

★ Überlege, wie du die Knobelaufgabe lösen kannst.
Sprich mit anderen Kindern darüber.

Sikakus

1 Aus diesen Sikakus sind die Zahlen herausgefallen. Schreibe sie so in die Kästchen, dass man die Sikakus lösen kann.

3 6 1 2

8 2 3 2

a) Vergleiche deine Lösungen mit den Lösungen anderer Kinder. Was fällt dir auf?

2 Aus diesen drei Sikakus sind auch die Zahlen herausgefallen. Finde heraus, welche Zahlen zu welchen Sikakus gehören und setze sie so ein, dass man die Sikakus lösen kann.

6 2 3 4

1 2 4 2

3 6 4 3

a) Vergleiche deine Lösungen mit den Lösungen anderer Kinder. Was fällt dir auf?

b) Wie bist du auf deine Lösung gekommen? Besprich deinen Lösungsweg mit einem anderen Kind.

Knobelaufgabe: Die Kinder verwenden geeignete Strategien zur Problemlösung, z.B. systematisches Probieren.

15. Wie oft ist das enthalten?

1 Wie viele Mannschaften können die Zwerge bilden?

CD3-1

Zwerge in einer Mannschaft:	3	4	6
Anzahl der Mannschaften:			

2 Bilde Gruppen und ergänze die Texte.

6 Zwerge bilden Zweiergruppen.

2 ist in 6 3 mal enthalten.

Sie können 3 Gruppen bilden.

12 Zwerge bilden Dreiergruppen.

3 ist in 12 ____ enthalten.

Sie können ____ Gruppen bilden.

10 Zwerge bilden Fünfergruppen.

5 ist in 10 ____ enthalten.

Sie können ____ Gruppen bilden.

8 Zwerge bilden Vierergruppen.

4 ist in 8 ____ enthalten.

Sie können ____ Gruppen bilden.

Rechenoperation Messen, Gruppen bilden
1) Abenteuergeschichte
1) 2) Unterstützung mit Legematerial falls nötig.

15. Wie oft ist das enthalten?

1 Rechne.

5 in 10 = 2 mal, weil 2 · 5 = 10
5 in 25 = ___, weil ___ · 5 = 25
5 in 40 = ___, weil ___ = 40
5 in 15 = ___, weil ___
5 in 35 = ___, weil ___
5 in 20 = ___, weil ___
5 in 50 = ___, weil ___

enthalten sein

2 Rechne.

2 in 6 = 3 mal	3 in 6 = ___	10 in 60 = ___
2 in 10 = ___	3 in 12 = ___	10 in 30 = ___
2 in 8 = ___	3 in 21 = ___	10 in 50 = ___
2 in 2 = ___	3 in 3 = ___	10 in 100 = ___
2 in 18 = ___	3 in 30 = ___	10 in 70 = ___
2 in 14 = ___	3 in 15 = ___	10 in 0 = ___
2 in 4 = ___	3 in 24 = ___	10 in 80 = ___

Bleib in Form!

3 Rechne.

35 + 5 = ___	87 + 3 = ___	56 + 4 = ___	78 + 2 = ___
35 + 7 = ___	87 + 6 = ___	56 + 6 = ___	78 + 5 = ___
35 + 9 = ___	87 + 9 = ___	56 + 8 = ___	78 + 8 = ___

Rechenoperation Messen, enthalten sein

15. Wie oft ist das enthalten?

1 Finde die passenden Rechnungen.

a) 12 Punkte. Immer 4.

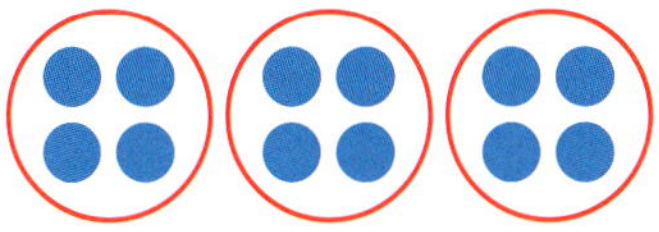

12 = 3 · 4

12 : 4 = ☐

c) 20 Punkte. Immer 5.

20 = ☐ · 5

20 : 5 = ☐

b) 10 Punkte. Immer 2.

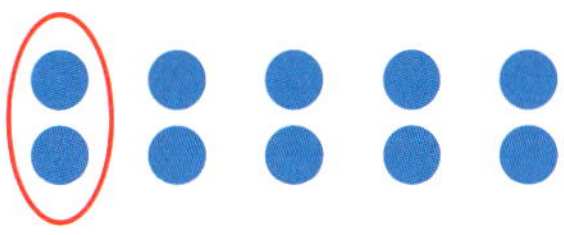

10 = ☐ · 2

10 : 2 = ☐

d) 18 Punkte. Immer 3.

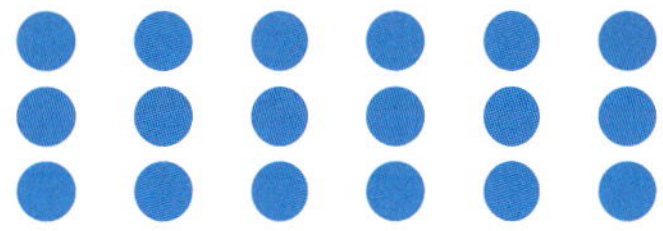

18 = ☐ · 3

18 : 3 = ☐

2 Drei Zahlen, vier Aufgaben.

a) 4 5 20

4 · 5 = 20
5 · 4 = 20
20 : 5 = 4
20 : 4 = 5

b) 3 7 21

c) 2 9 18

d) 4 10 40

e) 18 3 6

f) Finde weitere Aufgaben.

3 Rechne.

10 : 10 = ☐	25 : 5 = ☐	6 : 2 = ☐	12 : 3 = ☐
80 : 10 = ☐	50 : 5 = ☐	18 : 2 = ☐	9 : 3 = ☐
30 : 10 = ☐	15 : 5 = ☐	4 : 2 = ☐	21 : 3 = ☐
50 : 10 = ☐	40 : 5 = ☐	20 : 2 = ☐	15 : 3 = ☐
0 : 10 = ☐	5 : 5 = ☐	8 : 2 = ☐	30 : 3 = ☐
100 : 10 = ☐	45 : 5 = ☐	14 : 2 = ☐	3 : 3 = ☐

Rechenoperation Messen, Gruppen bilden
1) Unterstützung durch Legematerial falls nötig.
2) Tausch- und Umkehraufgaben
Weiterführung: Die Kinder finden selbst weitere „Drei Zahlen, vier Aufgaben" Beispiele und lösen sie.

15. Wie oft ist das enthalten?

1 Frau Schneider ist Marktfrau. Sie ordnet ihre Ware.
Zeichne und rechne.

a) Sie hat 18 Eier.
In jede Schachtel
kommen 6 Eier.

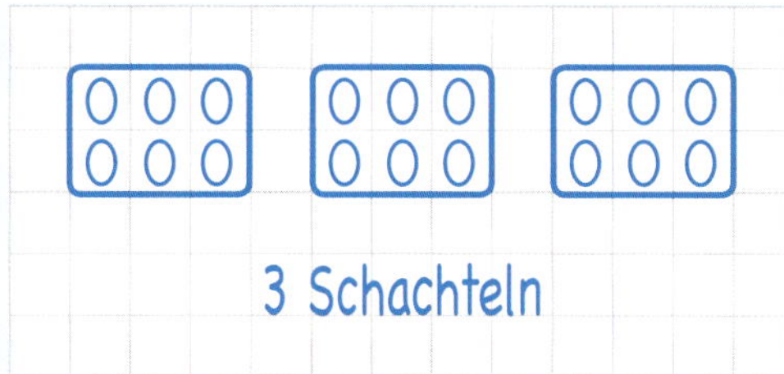

b) Sie hat 20 Äpfel.
In jede Packung
kommen 4 Äpfel.

d) Sie hat 15 Karotten.
In jedem Bund sollen
5 Karotten sein.

c) Sie hat 18 Schlecker.
In jedes Sackerl
kommen 3 Schlecker.

e) Sie hat 18 Semmeln.
In jedes Sackerl
kommen 6 Semmeln.

2 Finde Fragen und rechne im Heft.

a) Hanna hat 30 Blumen gepflückt.
Sie macht Sträuße mit je fünf Blumen.

b) Rudi hat vier Blumensträuße gebunden.
In jeden Strauß hat er sechs Tulpen gesteckt.

c) Auf ein Backblech passen drei Apfelstrudel.
Der Bäcker will 15 Strudel backen.

d) Der Bäcker hat 24 Brote gebacken.
Er packt sie in Taschen mit jeweils drei Broten.

e) Bettina bastelt Kastanienmännchen. Sie hat 21 Kastanien.
Für ein Kastanienmännchen braucht Bettina 3 Kastanien.

Bleib in Form!

3 Rechne.

42 - 2 =	94 - 4 =	63 - 3 =	85 - 5 =
42 - 5 =	94 - 6 =	63 - 8 =	85 - 7 =

Rechenoperation Messen, Sachaufgaben
1) Skizzen als Lösungshilfe.
2) Die Kinder schreiben erst eine passende Frage auf und lösen dann die Aufgabe.

Malrechnen: 4er-Reihe

1 Wie viele Birnen? Finde Malrechnungen.

a)

b)

c)

2 Schreibe die Rechnungen.
Wie rechnet Luis?

CD1-11/18

1 · 4 = 4 | 4

2 · 4 = | 4 4

| 4 4 4

| 4 4 4 4

| 4 4 4 4 4

| 4 4 4 4 4 4

| 4 4 4 4 4 4 4

| 4 4 4 4 4 4 4 4

| 4 4 4 4 4 4 4 4 4

| 4 4 4 4 4 4 4 4 4 4

− 4

+ 4

Rechne die 4er-Reihe.

0 · 4 = ____
1 · 4 = ____
2 · 4 = ____
3 · 4 = ____
4 · 4 = ____
5 · 4 = ____
6 · 4 = ____
7 · 4 = ____
8 · 4 = ____
9 · 4 = ____
10 · 4 = ____

3 Rechne. Beginne mit der einfacheren Aufgabe.

4 · 4 =	1 · 4 =	8 · 4 =	5 · 4 =
5 · 4 = 20	2 · 4 =	9 · 4 =	6 · 4 =
6 · 4 =	3 · 4 =	10 · 4 =	7 · 4 =

16. Rund um die Uhr

1 Welche Mannschaften haben den Staffellauf unter einer Minute geschafft?

CD3-2

1 Minute hat 60 Sekunden
1 Sekunde = 1 s

a) Rechne die Zeiten zusammen.

Mannschaft A:		Mannschaft B:		Mannschaft C:	
Frenn:	15 s	Ongo:	20 s	Ruke:	13 s
Bolle:	10 s	Tinga:	11 s	Ludo:	14 s
Zaru:	20 s	Poki:	18 s	Meck:	11 s
Lema:	14 s	Mita:	20 s	Jinga:	20 s

Minute, Sekunde

b) Führt selbst einen Staffellauf in der Klasse durch und stoppt die Zeiten.

Bleib in Form!

2 Rechne.

24 + 13 =	61 + 34 =	13 + 24 =	36 + 42 =
41 + 45 =	53 + 16 =	42 + 13 =	54 + 14 =
72 + 21 =	14 + 32 =	58 + 31 =	27 + 61 =

Zeit: Minute, Sekunde
1) Abenteuergeschichte

16. Rund um die Uhr

1 Wie viele Minuten zeigt der Minutenzeiger?
Bastle eine Uhr.

Eine Stunde hat 60 Minuten.

a)  5 min

b)  min

c)  min

d)  min

e)  min

f)  min

2 Erzähle die Geschichte.
Zeichne die Zeiger in die Uhren.

Zeit: Stunde, Minute; die Uhr
2) Weiterführung: Die Kinder erzählen, wie ihr Tagesbeginn aussieht.

16. Rund um die Uhr

1 Mit welcher Stunde beginnt für dich die Nacht, mit welcher der Tag?
Ergänze die Beschriftung.
Schreibe die Stunden des Tages mit roter Farbe.
Schreibe für die Stunden der Nacht blaue Zahlen.

Ein Tag hat 24 Stunden.

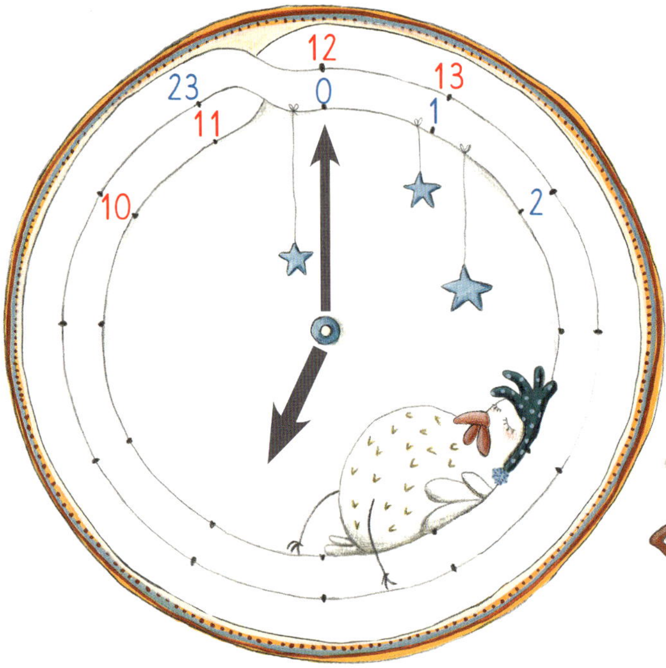

Tag,
Nacht

2 Welche Zeiten zeigen diese Uhren?

3:05
15:05

Bleib in Form!

3 Rechne.

95 - 22 =	56 - 15 =	44 - 32 =	94 - 22 =
49 - 15 =	75 - 45 =	69 - 15 =	76 - 45 =
67 - 41 =	88 - 24 =	83 - 43 =	87 - 54 =

Zeit: Tag, Uhrzeiten
1) Besprechen Sie gemeinsam, mit welcher Stunde der Tag beginnt und endet. Verschiedene Lösungen sind möglich.

16. Rund um die Uhr

1 Zeichne die Zeiger in die Uhren.
Was macht Ulf nach der Schule? Erzähle.

2 Besondere Namen für besondere Uhrzeiten.

Viertel ______ ______ ______

3 Schau auf die Uhr und beantworte die Fragen.

★

a) Es ist Abend. Wie spät ist es? ______

b) Wie spät ist es in drei Stunden? ______

c) Wie spät war es vor zwei Stunden? ______

Zeit: Tag, Uhrzeiten
1) Weiterführung: Die Kinder erzählen von ihren Hobbies, wann sie stattfinden und wie lange sie dauern.
2) Mögliche Weiterführung: Regionale Unterschiede in der Sprechweise finden und besprechen.

Malrechnen: 6er-Reihe

1 Zähle in 6er-Schritten vorwärts und rückwärts.

2 Finde Malrechnungen zu den Bildern.

2 · ☐ = ☐

☐ · ☐ = ☐

CD1-13/18

Rechne die 6er-Reihe.

0 · 6 = ____

1 · 6 = ____

2 · 6 = ____

3 · 6 = ____

4 · 6 = ____

5 · 6 = ____

6 · 6 = ____

7 · 6 = ____

8 · 6 = ____

9 · 6 = ____

10 · 6 = ____

3 Rechne. Was fällt dir auf?

10 · 6 =	5 · 6 =	5 · 6 =
9 · 6 =	4 · 6 =	6 · 6 =
8 · 6 =	3 · 6 =	7 · 6 =

4 Ergänze die Zahlen in der Ronni Ratz-Maschine.

·6	2	10	1	5	3	7	6	8

Bleib in Form!

5 Spiel: Malreihen-Bingo

4	12	20
16	18	14
2	6	10

Schreibe Zahlen der 2er-Reihe in die Felder.
Du darfst keine Zahl doppelt schreiben.

Partnerspiel: Stellt abwechselnd Malaufgaben.
Du darfst das Ergebnis auf deinem Zettel einkreisen. Wer drei in einer Reihe hat, gewinnt.

Malrechnen: 6er-Reihe
3) Ausgehend von der obersten Zeile kann man die Nachbaraufgaben durch Subtraktion oder Addition lösen.

17. Was mein Lineal alles kann!

Länge, Zentimeter

1 Hilf Aron die richtigen Schrauben zu finden.
Sie müssen genau einen Zentimeter lang sein.
Kreise sie ein.

CD3-3

1 cm = 1 Zentimeter

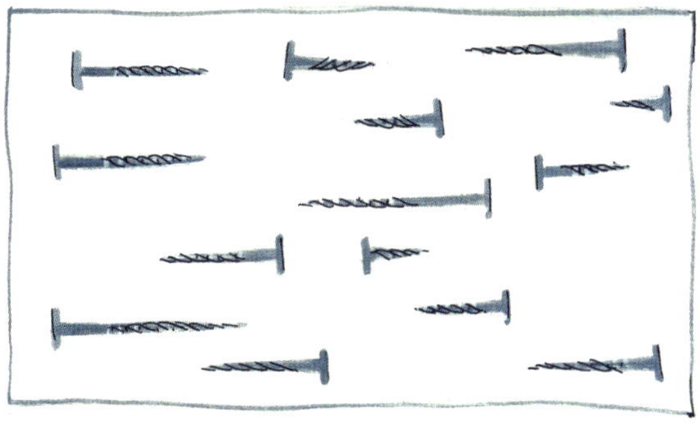

2 Miss mit deinem Lineal.

5 cm

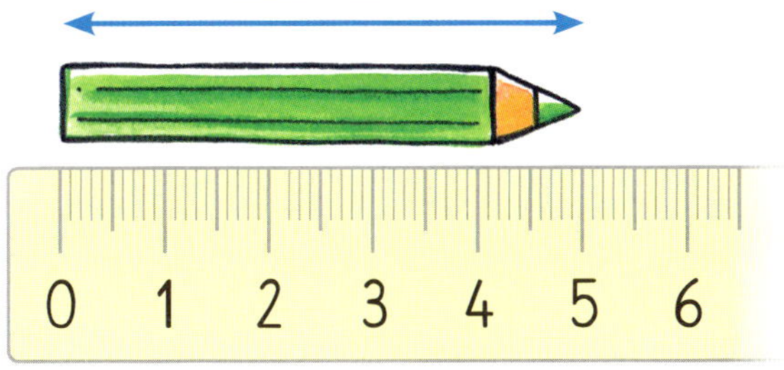

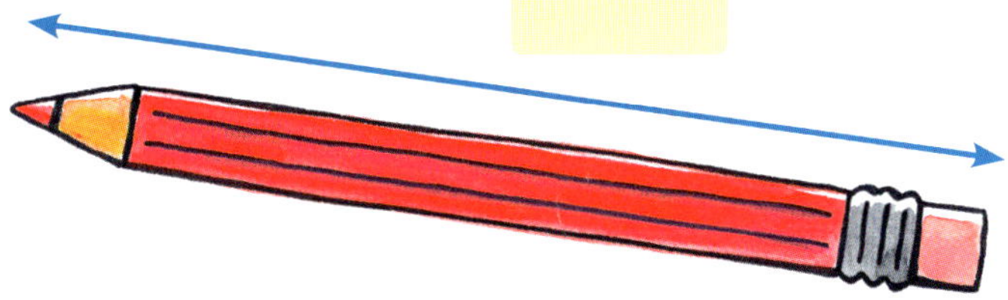

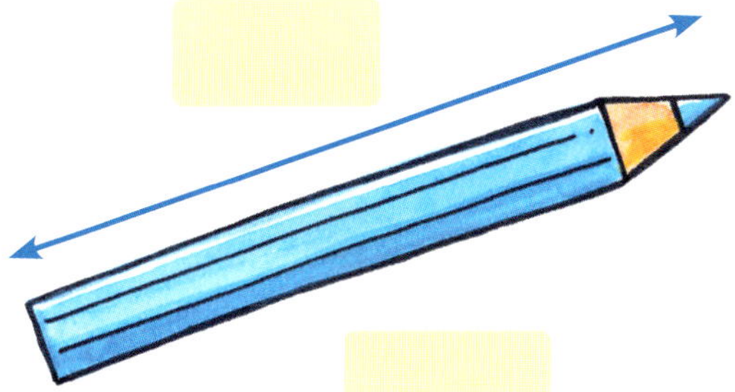

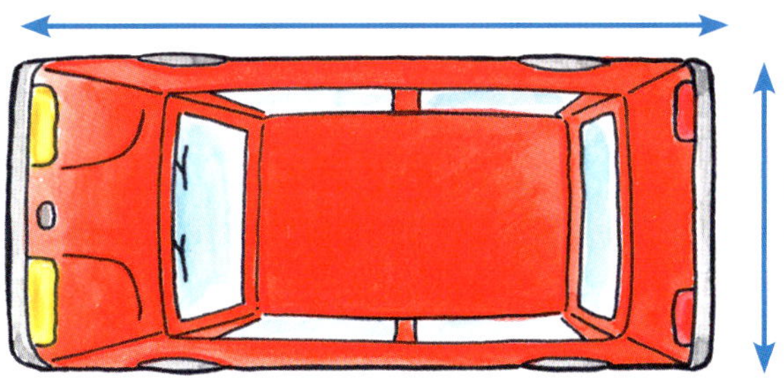

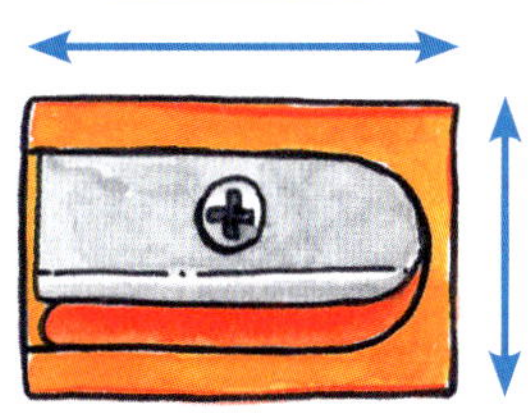

3 Miss mit deinem Lineal andere Dinge im Klassenzimmer.

Größen: Zentimeter
1) Abenteuergeschichte
3) Die Kinder schreiben nur ganze Zentimeter auf (Runden).

1 Zeichne die Strecken in dein Heft und löse die Rechnungen.

a) 6 cm + 3 cm = 9 cm

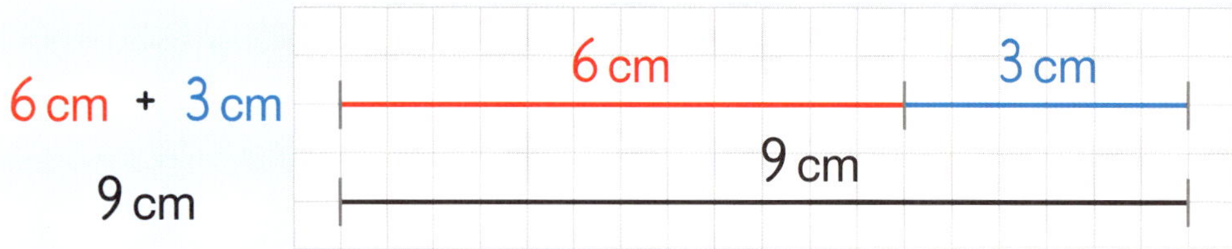

b) 3 cm + 6 cm =

c) 5 cm + 2 cm =

d) 2 cm + 5 cm =

e) 10 cm + 5 cm =

f) 3 cm + 9 cm =

g) 8 cm + 6 cm =

2 Spielt zu zweit das Autorallye-Spiel.

Würfelt abwechselnd.
Wirft man zum Beispiel die Zahl 5, darf man eine gerade Strecke mit 5 cm Länge zeichnen.
Ist zu wenig Platz, muss man aussetzen.
Wer zuerst die Ziellinie überquert, gewinnt!

Bleib in Form!

3 Rechne.

15 : 3 =	8 : 4 =	25 : 5 =	12 : 6 =
9 : 3 =	20 : 4 =	45 : 5 =	30 : 6 =

Größen: Zentimeter
2) Weiterführung: Die Kinder zeichnen eigene Rennstrecken auf ein Blatt Papier und spielen alleine oder gegeneinander.

17. Was mein Lineal alles kann!

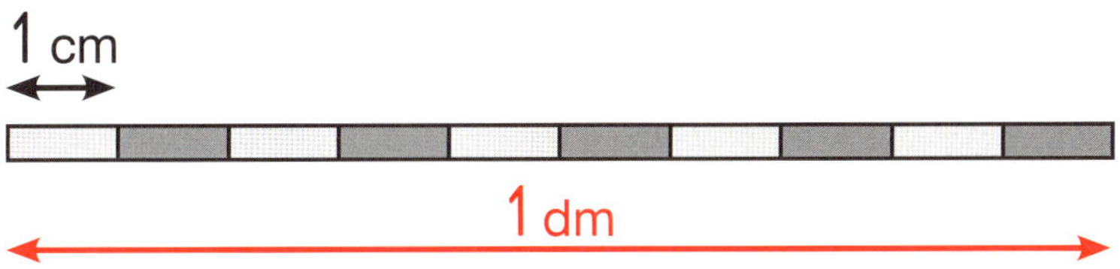

cm Zentimeter
dm Dezimeter

1 dm = 10 cm

1 Zeichne Strecken mit diesen Längen.

a) 1 dm	d) 11 cm	g) 1 dm 3 cm
b) 7 cm	e) 12 cm	h) 1 dm 7 cm
c) 4 cm	f) 15 cm	i) 1 dm 1 cm

2 Wandle in Zentimeter um.

4 dm = 40 cm   9 dm = ___ cm

5 dm = ___ cm   1 dm = ___ cm   2 dm = ___ cm   10 dm = ___ cm

3 Wandle in Dezimeter um.

20 cm = ___ dm   90 cm = ___ dm   60 cm = ___ dm   50 cm = ___ dm

4 Wandle in Zentimeter um.

3 dm 5 cm = 35 cm   4 dm 1 cm = ___ cm   2 dm 9 cm = ___ cm

6 dm 4 cm = ___ cm   1 dm 6 cm = ___ cm   8 dm 3 cm = ___ cm

2 dm 7 cm = ___ cm   9 dm 4 cm = ___ cm   1 dm 2 cm = ___ cm

5 Wandle in Dezimeter und Zentimeter um.

57 cm = ___ dm ___ cm   29 cm = ___ dm ___ cm

92 cm = ___ dm ___ cm   65 cm = ___ dm ___ cm

7 cm = ___ dm ___ cm   37 cm = ___ dm ___ cm

17. Was mein Lineal alles kann!

1 m = 100 cm
1 m = 10 dm

m Meter

1 Partnerarbeit:
Findet Dinge, die 1 cm, 10 cm oder 1 m lang sind.

ungefähr 1 cm	ungefähr 1 dm	ungefähr 1 m
Fingerbreite	Faust	Türbreite

2 Schätze erst die Längen dieser Dinge und miss sie dann nach.

	geschätzt	gemessen
Höhe des Tisches	70 cm	54 cm
Höhe des Sessels		
Breite des Mathematikbuches		
Breite des Waschbeckens		

Wähle beim Messen immer die Zahl, die näher liegt.

3 Ergänze immer auf einen Meter.

70 cm + ___ cm = 1 m	95 cm + ___ cm = 1 m	___ cm + 10 cm = 1 m
50 cm + ___ cm = 1 m	92 cm + ___ cm = 1 m	___ cm + 80 cm = 1 m
30 cm + ___ cm = 1 m	98 cm + ___ cm = 1 m	___ cm + 1 cm = 1 m

Bleib in Form!

4 Welche Zeiten zeigen diese Uhren?

Größen: Zentimeter, Dezimeter, Meter
2) Weiterführung: Die Kinder schreiben eine eigene Liste mit Dingen aus der Klasse oder ihrer Umwelt, schätzen und messen diese.

18. Geldgeschäfte

1 Cedric und Linn wollen gemeinsam ein Fernglas kaufen. Haben sie genug Geld?

CD3-4

Können sie das Fernglas kaufen?

❑ ja ❑ nein

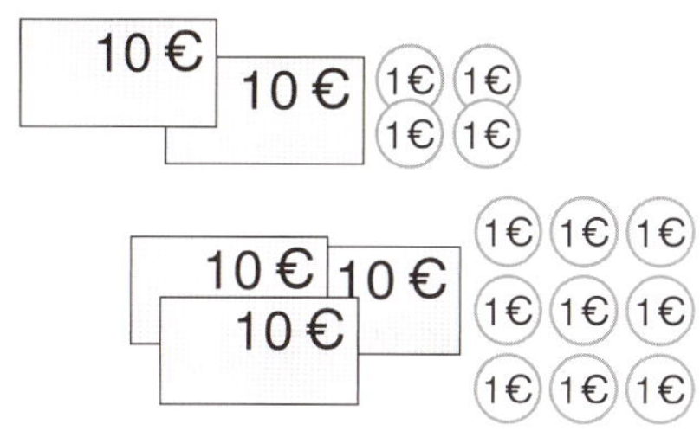

2 Rechne aus, ob die Kinder genug Geld haben.

Charlotte hat **18 €**, Miriam hat **15 €**.

18€ + 15€ = ____

Können sie das Funkgerät kaufen?

❑ ja ❑ nein

David hat **36 €**, Kevin hat **48 €**.

____ + ____ = ____

Können sie den Spieltisch kaufen?

❑ ja ❑ nein

Addition mit gemischten Zehnern und Zehnerüberschreitung
1) Abenteuergeschichte
2) Die Kinder besprechen, wie sie die Aufgabe gelöst haben.

18. Geldgeschäfte

1 Wie rechnet Aron? Erkläre.

24 + 39 =

20 + 30 = ☐

4 + 9 = ☐

☐ + ☐ = ☐

47 + 25 =

☐

☐

☐

2 Wie rechnet Nora? Erkläre.

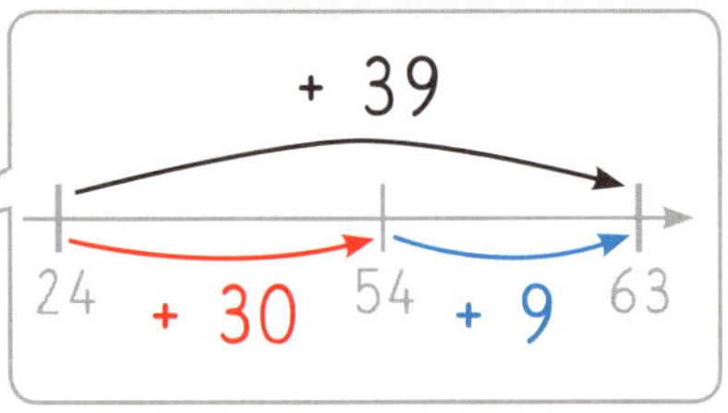

24 + 39 =

24 + 30 = 54

54 + 9 = ☐

58 + 36 =

☐

☐

3 Rechne.

28 + 30 = ☐	45 + 20 = ☐	57 + 10 = ☐	36 + 10 = ☐
28 + 34 = ☐	45 + 28 = ☐	57 + 18 = ☐	36 + 16 = ☐

4 Rechne. Beschreibe deinen Rechenweg.

a)	b)	c)	d)	e)
35 + 38	53 + 28	49 + 14	73 + 19	59 + 23
27 + 36	48 + 14	38 + 45	35 + 35	36 + 17
58 + 17	68 + 31	56 + 25	66 + 27	28 + 28
64 + 28	39 + 25	42 + 13	79 + 13	64 + 36

Bleib in Form!

5 Wie heißen die markierten Zahlen?

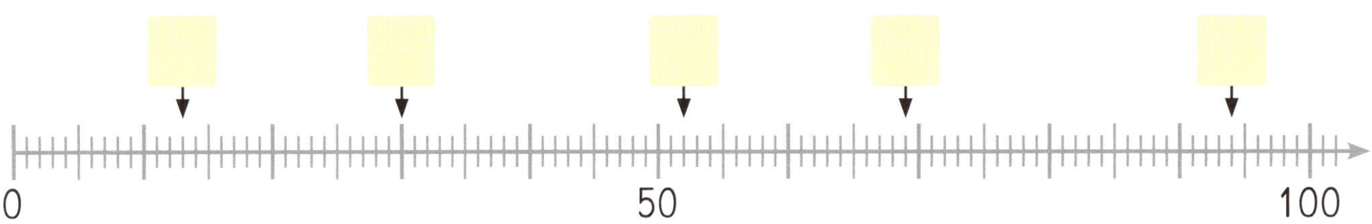

Rechenwege bei der Zehnerüberschreitung
1) Aron rechnet Zehner und Einer getrennt.
2) Nora rechnet Schritt für Schritt.
4) Kinder rechnen mit der Strategie, die ihnen am leichtesten fällt. Der Einsatz verschiedener Strategien ist begrüßenswert (flexibles Rechnen).

18. Geldgeschäfte

1 Die Kinder nehmen Geld aus dem Sparschwein.
Lege und rechne, wie viel Geld danach noch im Sparschwein ist.

Lucas
nimmt **23** €.

42 - 23 =

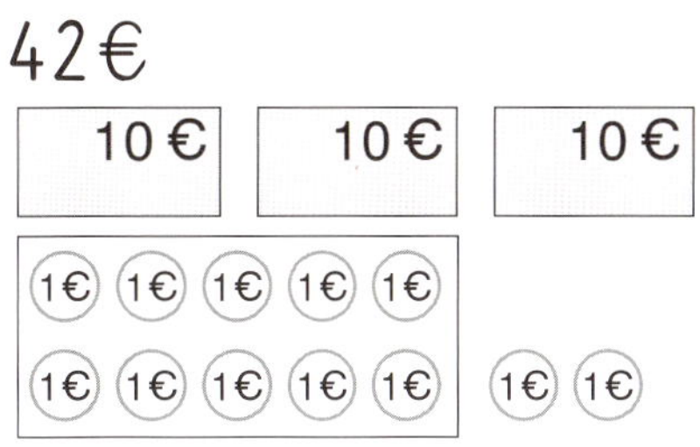

Anna
nimmt **48** €.

Einen Zehner habe ich in zehn Einer gewechselt.

Tina
nimmt 32 €.

Gregor
nimmt **25** €.

2 Lege und rechne.

68 € – 35 € 90 € – 12 € 23 € – 23 € 41 € – 15 €

3 Rechne.

44 - 36 =	65 - 28 =	83 - 67 =
42 - 29 =	60 - 14 =	91 - 37 =
73 - 66 =	43 - 38 =	76 - 58 =

Und wie rechnest du?

Subtraktion mit gemischten Zehnern und Zehnerunterschreitung
3) Die Kinder vergleichen ihre Strategien. Verwendung von Legematerial oder Notation von Zwischenergebnisse falls nötig.

18. Geldgeschäfte

1 Wie rechnet Nora? Erkläre.

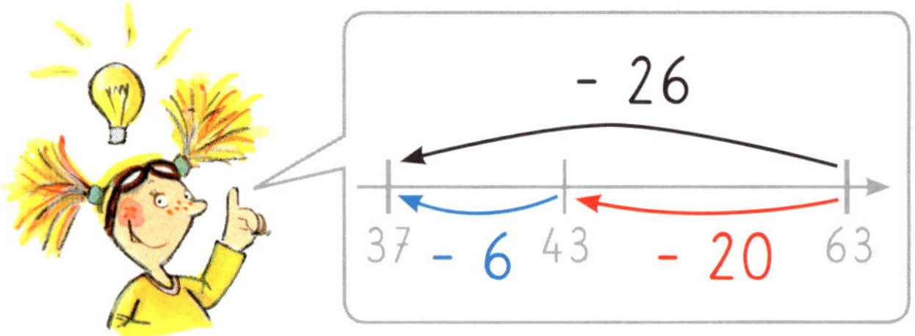

63 - 26 =

63 - 20 = 43

43 - 6 =

42 - 14 =

2 Rechne wie Nora.

71 - 40 =
71 - 43 =

85 - 30 =
85 - 38 =

62 - 20 =
62 - 26 =

53 - 10 =
53 - 15 =

48 - 20 =
48 - 29 =

54 - 30 =
54 - 37 =

72 - 20 =
72 - 26 =

91 - 10 =
91 - 14 =

3 Rechne. Beschreibe deinen Rechenweg.

a)	b)	c)	d)	e)
63-25	42-14	75-26	31-15	73-14
51-12	85-36	60-15	72-44	52-26
90-64	56-17	43-28	65-37	91-55
46-28	64-26	71-25	94-48	46-46

Bleib in Form!

4 Auf einen Blick: Erkenne die Zahlen.

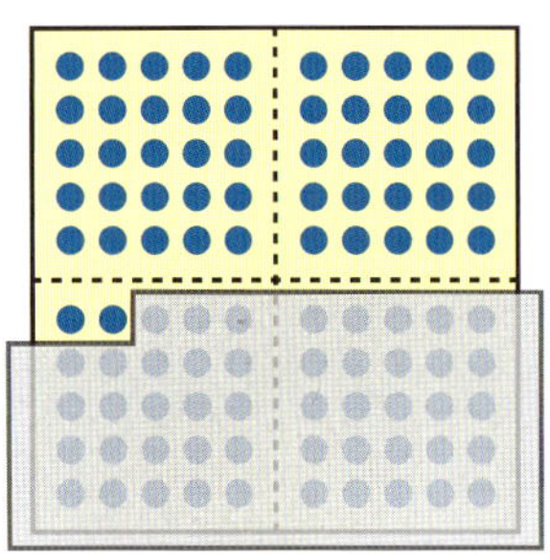

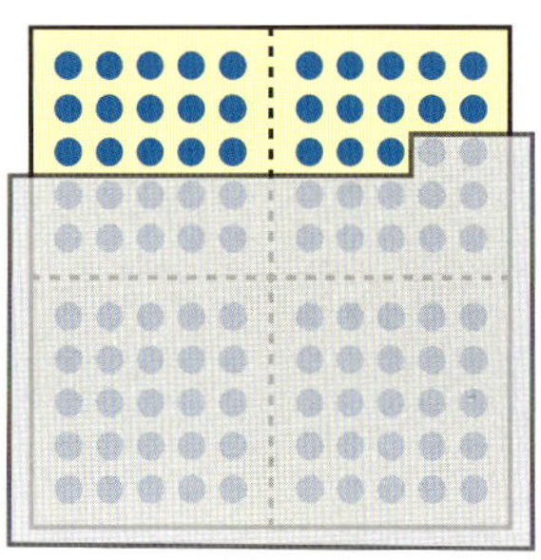

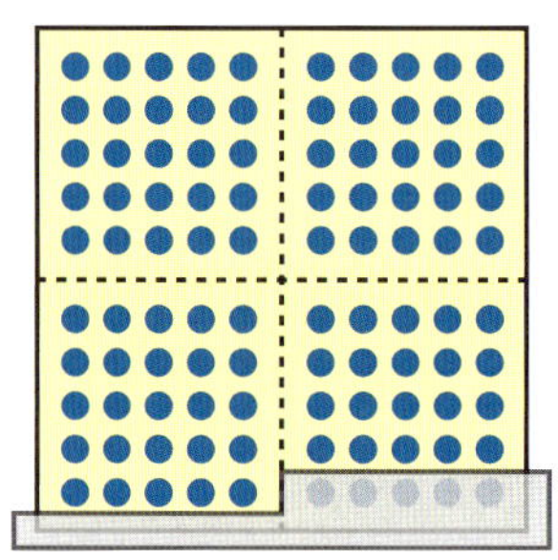

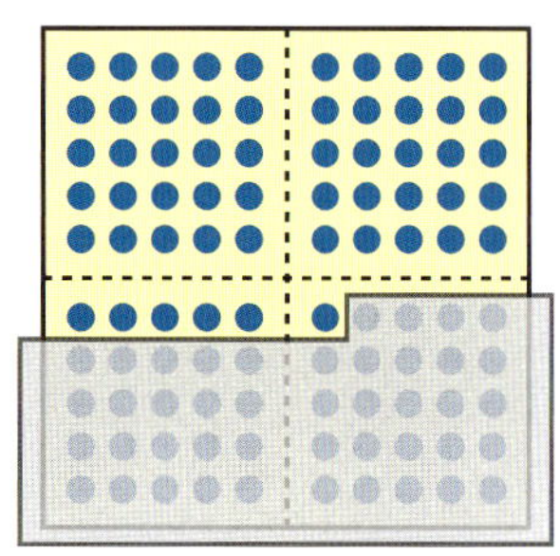

Rechenwege bei der Zehnerunterschreitung
1) Nora rechnet Schritt für Schritt.
3) Kinder rechnen mit der Strategie, die ihnen am leichtesten fällt. Der Einsatz verschiedener Strategien ist begrüßenswert (flexibles Rechnen).

18. Geldgeschäfte

1 Finde Fragen, rechne und schreibe die Antworten.

a) Berthold hat ein Sparbuch mit 45 €.
Heute zahlt er noch 23 € ein.

b) Susanne hat gerade 35 € von ihrem Sparbuch abgehoben.
Jetzt hat sie nur noch 18 € auf dem Sparbuch.

c) Egon möchte sich ein Radio kaufen. Das kostet 49 €.
Egon hat aber nur 36 €.

d) Herr Schütz kauft seiner Tochter Rollschuhe für 69 €.
Er bezahlt mit einem 100-€-Schein.

e) Familie Saglik geht ins Kino.
Frau Saglik kauft 4 Karten für je 8 €.
Sie bezahlt mit einem 50-€-Schein.

f) Anton hat 15 € in seiner Geldbörse.
Auf seinem Sparbuch hat er doppelt so viel Geld.

★ g) Alev spart auf eine Uhr.
Heute hat sie 5 € von ihrem Opa bekommen.
Jetzt fehlen ihr nur noch 17 €. Die Uhr kostet 79 €.

2 Gestalte gemeinsam mit anderen Kindern ein Plakat.

a) Schneidet aus Werbeprospekten verschiedene Dinge aus, ordnet sie nach dem Preis und klebt sie auf.

b) Erstellt eine Tabelle, in der die Dinge in verschiedene Preisgruppen eingeteilt sind.

3 ★ Ergänze die Zahlenmauern.

	45		
		22	
14	8		

100			
16	31		
		18	

32		32	
26			26

Sachaufgaben, Zahlenmauern
1) Die Kinder sollen Fragen finden, zu deren Beantwortung eine Rechnung nötig ist. Verschiedene Lösungen sind möglich.
2) Umwelterschließung. Je nach Prospekt und Preisen finden die Kinder selbst eine sinnvolle Einteilung in Preisgruppen.

19. Geschickt Malrechnen

1 Die Kinder finden verschiedene Rechnungen zum Punktbild.
Erkläre die Rechnungen der Kinder.

CD3-5

2 Rechne. Was fällt dir auf?

5 · 8 ⏜ 8 8 8 8 8 | 2 · 8 ⏜ 8 8

7 · 8

5 · 8 =		
2 · 8 =		
7 · 8 =		

5 · 8 =		
3 · 8 =		
8 · 8 =		

3 Zerlege auch diese Malrechnungen.

a) 7 · 6 b) 6 · 4 c) 9 · 5 d) 8 · 6 e) 4 · 8 f) 7 · 4

Bleib in Form!

4 Finde die gesuchten Zahlen.

a) Welche Zahl ist um 1 kleiner als 100?

b) Welche Zahl ist um 2 größer als 29?

c) Welche Zahl ist um 10 größer als 67?

d) Welche Zahl ist um 5 kleiner als 50?

Malrechnen: 8er-Reihe, Rechenstrategie: Zerlegen
1) Abenteuergeschichte
Die Kinder beschreiben, wo man die Rechnungen der Kinder im Punktbild sieht.
2) Besprechen Sie die Möglichkeit, Multiplikationen in Teilaufgaben zu zerlegen. Weiterführung: Zerlegen weiterer Malrechnungen

19. Geschickt Malrechnen

1 Finde die Malrechnungen zu den Bildern.

$2 \cdot 4 = 8$	______	______	______
4 4 / 8	4 4 4 4 / 8 8	4 4 4 4 4 4 / 8 8 8	4 4 4 4 4 4 4 4 / 8 8 8 8
$1 \cdot 8 = 8$	______	______	______

2 Rechne. Nutze die Verdoppelung.

$3 \cdot 2 =$ ___
$3 \cdot 4 =$ ___
$3 \cdot 8 =$ ___

$5 \cdot 2 =$ ___
$5 \cdot 4 =$ ___
$5 \cdot 8 =$ ___

$7 \cdot 2 =$ ___
$7 \cdot 4 =$ ___
$7 \cdot 8 =$ ___

$6 \cdot 2 =$ ___
$6 \cdot 4 =$ ___
$6 \cdot 8 =$ ___

$9 \cdot 2 =$ ___
$9 \cdot 4 =$ ___
$9 \cdot 8 =$ ___

Verdoppelung

CD1-15/18

Rechne die 8er-Reihe.

$0 \cdot 8 =$ ___
$1 \cdot 8 =$ ___
$2 \cdot 8 =$ ___
$3 \cdot 8 =$ ___
$4 \cdot 8 =$ ___
$5 \cdot 8 =$ ___
$6 \cdot 8 =$ ___
$7 \cdot 8 =$ ___
$8 \cdot 8 =$ ___
$9 \cdot 8 =$ ___
$10 \cdot 8 =$ ___

3 Ergänze die Zahlen in der Ronni Ratz-Maschine.

$\cdot 8$ ↓ ↑ $: 8$

3	0		2	5			
		64			80		

4 Drei Zahlen, vier Aufgaben.

a) 8, 3, 24

$8 \cdot 3 = 24$
$3 \cdot 8 = 24$
$24 : 8 = 3$
$24 : 3 = 8$

b) 8, 5, 40

c) 9, 8, 72

d) 2, 8, 16

e) Finde weitere Aufgaben.

Malrechnen: 8er-Reihe, Rechenstrategie: Verdoppeln
1) 2) Erkennen und Nutzen von Verdopplungsrechnungen
3) Malaufgaben und Umkehraufgaben lösen
4) Flexibles Rechnen: Tausch- und Umkehraufgaben

19. Geschickt Malrechnen

1 Die Kinder haben die Aufgabe 3 · 9 mit Plättchen gelegt.
Schau dir das Bild an und erkläre ihre Rechenwege.

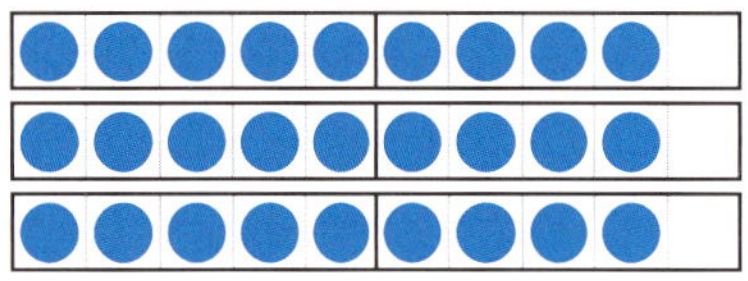

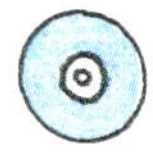
CD1-16/18

Rechne die 9er-Reihe.

0 · 9 = ____
1 · 9 = ____
2 · 9 = ____
3 · 9 = ____
4 · 9 = ____
5 · 9 = ____
6 · 9 = ____
7 · 9 = ____
8 · 9 = ____
9 · 9 = ____
10 · 9 = ____

2 Schreibe zu jeder Malrechnung eine Minusrechnung.

3 · 9 =	4 · 9 =	7 · 9 =
30 - 3 =		

3 Rechne.

2 · 10 =	6 · 10 =	9 · 10 =
2 · 9 =	6 · 9 =	9 · 9 =

4 Finde Malrechnungen zu diesen Zahlen.

18 = ☐ · 9	54 = ☐ · 9	63 = ☐ · 9
81 = ☐ · 9	27 = ☐ · 9	9 = ☐ · 9

Bleib in Form!

5 Ergänze die Zahlenmauern.

Mauer 1:
☐
☐ ☐
15 22 9

Mauer 2:
☐
63 ☐
45 ☐ 9
☐ 16 ☐ ☐

Mauer 3:
99
☐ ☐
☐ 13 35

Mauer 4:
100
☐ ☐
☐ 30 ☐
2 12 ☐ ☐

Malrechnen: 9er-Reihe
1) 2) 3) Die Kinder können erst die Mal-10-Rechnung legen (z.B. 3 · 10) und dann durch Wegnehmen von Plättchen die Mal-9-Rechnung erhalten (z.B. 3 Plättchen weg → 3 · 9)

20. Schaubilder

1 Herr Zahlensack hat den 10 Trollen Aufgaben gestellt.
Was sagen die Ergebnisse aus? Kreuze an.

CD3-6

Alle Trolle können bis 100 zählen.	❑ richtig	❑ falsch
Zähne putzen ist für Trolle schwieriger als Nägel zu verbiegen.	❑ richtig	❑ falsch
Kein Troll kann seinen Namen schreiben.	❑ richtig	❑ falsch
Trolle können gut zeichnen.	❑ richtig	❑ falsch
Nur ein einziger Troll kann sich die Zähne putzen.	❑ richtig	❑ falsch
Weniger als 10 Trolle können bis 100 zählen.	❑ richtig	❑ falsch
Mehr als die Hälfte der Trolle kann ein rohes Ei essen.	❑ richtig	❑ falsch
Die leichteste Aufgabe für Trolle ist Zähneputzen.	❑ richtig	❑ falsch

2 Erfindet selbst einen Test und wertet die Ergebnisse eurer Klasse aus.

Streifendiagramme lesen, Textverständnis
1) Abenteuergeschichte
2) Bei dem Test dürfen auch Dinge vorkommen, die in der Schule nicht unterrichtet werden (z.B. auf zwei Fingern pfeifen).

20. Schaubilder

1 Das Schaubild zeigt, was die Trolle gesammelt haben.

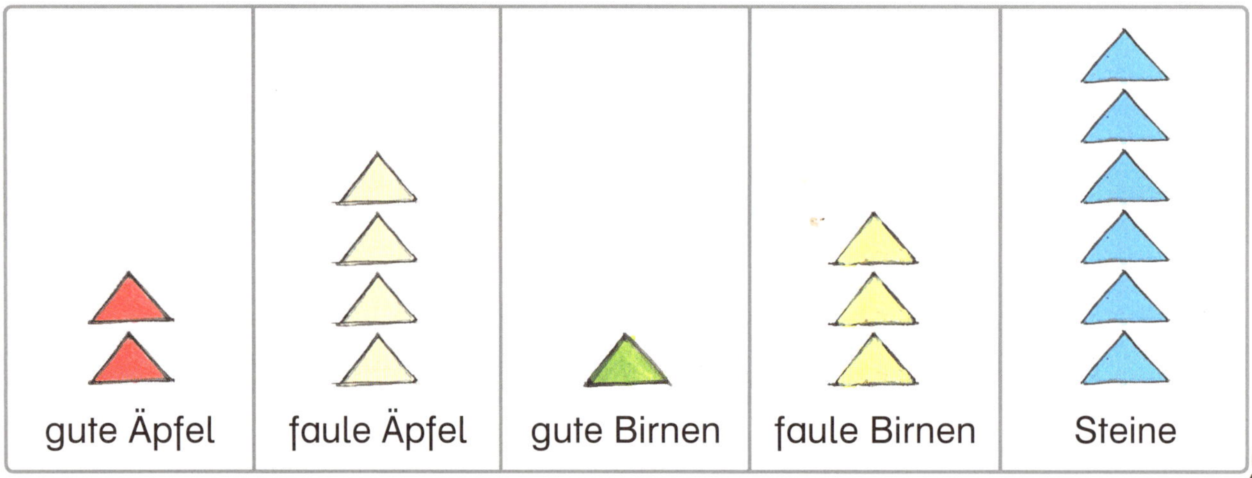

Jedes △ steht für 5 Stück.

Schaubild,
am wenigsten, am meisten

a) Wofür steht ein △ ? ________

b) Wie viele gute Äpfel haben die Trolle gesammelt? _____

c) Wovon haben die Trolle am meisten gesammelt? ____________________

d) Wovon haben die Trolle am wenigsten gesammelt? ____________________

e) Die Trolle haben ____________________ (doppelt/halb) so viele faule Äpfel gesammelt wie gute Äpfel.

f) Die Trolle haben ______ -mal so viele faule Birnen gesammelt wie gute Birnen.

g) Schreibe eine Liste mit der Anzahl der gesammelten Dinge.

Bleib in Form!

2 Rechne.

38 + 14 =	49 + 24 =	50 − 18 =	73 − 46 =
65 + 28 =	76 + 18 =	90 − 25 =	61 − 35 =
19 + 15 =	33 + 29 =	100 − 34 =	92 − 67 =

Schaubilder mit Symbolen interpretieren
1g) Liste: 10 gute Äpfel, 20 . . .
Weiterführung: Die Kinder zeichnen mit dem Lineal eine Tabelle.

20. Schaubilder

1 **Teste dich selbst!**

Rechne und kontrolliere deine Ergebnisse.

Die Lösungen findest du am Anfang des Buches.
Male für jede richtige Lösung ein Kästchen an.

Kreuze an, ob die Aufgaben für dich leicht oder schwer waren.
Begründe deine Entscheidungen mit Hilfe der angemalten Kästchen.

10 + 30 =	16 + 7 =	23 + 45 =
30 + 50 =	87 + 6 =	67 + 24 =
60 − 20 =	76 − 9 =	28 − 12 =
100 − 30 =	28 − 6 =	81 − 37 =
richtig: ☐☐☐☐	richtig: ☐☐☐☐	richtig: ☐☐☐☐
◯ leicht ◯ schwer	◯ leicht ◯ schwer	◯ leicht ◯ schwer

7 · 2 =	8 · 5 =	8 · 6 =
8 · 2 =	3 · 5 =	4 · 6 =
10 : 2 =	30 : 5 =	60 : 6 =
18 : 2 =	25 : 5 =	42 : 6 =
richtig: ☐☐☐☐	richtig: ☐☐☐☐	richtig: ☐☐☐☐
◯ leicht ◯ schwer	◯ leicht ◯ schwer	◯ leicht ◯ schwer

2 Erstellt gemeinsam einen Selbsttest wie in Aufgabe 1.
Aufgaben im selben Kästchen sollen zusammenpassen.

Streifendiagramme zur Auswertung nutzen
1) Weiterführung: Die Kinder beschreiben die Rechnungen jeder Aufgabenbox (Rechnen mit Zehnerzahlen, …)
2) Partner- oder Gruppenarbeit. Die Kinder können auch versuchen, bewusst ganz einfache und ganz schwierige Aufgabengruppen zu machen.

21. Das kann ich schon!

1 Rechne.

16 : 2 = ___, weil ___ · 2 = 16	20 : 2 = ___, weil ___
35 : 5 = ___, weil ___ · 5 = 35	24 : 3 = ___, weil ___
24 : 6 = ___, weil ___	20 : 4 = ___, weil ___
27 : 9 = ___, weil ___	32 : 8 = ___, weil ___

2 Lies die Sachaufgaben und rechne im Heft.

a) In der Klasse 2a sind 24 Kinder.
Bei einer Gruppenarbeit sollen immer 4 Kinder zusammen arbeiten.
Wie viele Gruppen werden gebildet?

b) Die Klasse 2b hat 18 Kinder.
Sie stellen sich in einer Zweierreihe an.
Wie viele Paare können gebildet werden?

c) Dorli ist blind.
Sie hat 6 Augenbinden für die 18 Kinder ihrer Klasse mitgebracht.
Jeden Tag darf eine Kindergruppe blind das Pausenbrot essen.
Wie viele Tage dauert es, bis alle Kinder an der Reihe waren?

d) In einem Schulbus sitzen 12 Mädchen und 6 Buben.
Der Bus muss halten, weil ein Baum über der Straße liegt.
Wie viele Minuten werden die Kinder zu spät in die Schule kommen?

e) Bei einem Sportfest spielen 48 Kinder Volleyball.
Eine Volleyballmannschaft besteht aus 6 Kindern.
Wie viele Mannschaften können sie bilden?

Bleib in Form!

3 Ergänze die Zahlen in den Ronni Ratz-Maschinen.

·9 ↓ ↑ :9

0	4				
		27	63		

·10 ↓ ↑ :10

2		4			
	100		70		

Wiederholung: Messen, enthalten sein
2) Nicht alle Aufgaben kann man lösen.

21. Das kann ich schon!

1 Welche Zeiten zeigen diese Uhren?

2:05
14:05

2 Finde heraus,

a) wer geschwindelt hat:

b) wer nur ein Programm geschaut hat:

c) wer einmal das Programm gewechselt hat:

Ich habe den ganzen Nachmittag Sendungen mit Tieren gesehen.

Nach Jacko habe ich mir die Clowns angesehen.

Ich habe eine Sendung mit einem Löwen gesehen. Sie hat über eine Stunde gedauert.

Programm 1

14:00 Dickes Huhn
14:20 Bärenbrüder
16:00 Mein Hund Jacko
16:35 Singvogel & Co.
17:00 Der Löwe Igor
17:25 Pferdehof
18:00 Rattenclub
18:15 Tierärztin Dr. Anne

Programm 2

13:55 Lach dich krumm!
14:10 Achtung Foto!
14:35 Hannos Witze
15:10 Die Lustig-Show
16:35 Clowns hautnah
16:55 Dumm gelaufen
17:45 Ach du Schreck!
18:25 Hahaha und hihihi!

21. Das kann ich schon!

1 Wie lang sind diese Strecken?

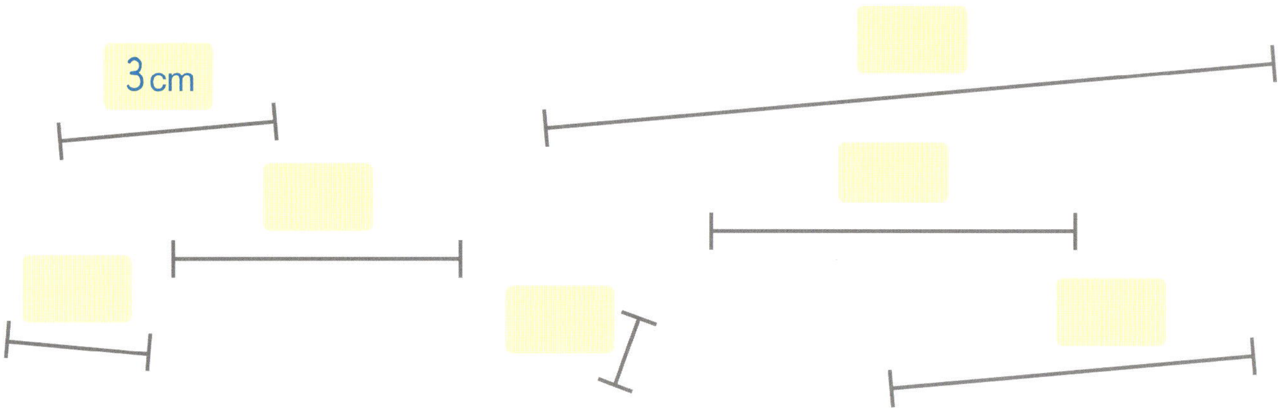

2 Zeichne Strecken mit diesen Längen in dein Heft.

a) 4 cm b) 7 cm c) 5 cm d) 9 cm e) 1 dm f) 2 cm

3 Die Liste gibt die Flügelspannweiten verschiedener Vogelarten an.

Mäusebussard: 1 m, Kohlmeise: 15 cm, Straßentaube: 40 cm, Steinadler: 2 m, Spatz: 14 cm, Buntspecht: 37 cm, Turmfalke: 75 cm, Lachmöwe: 90 cm

Ordne die Tiere nach ihrer Größe und schreibe eine Tabelle.

Vogelart	Spannweite
Spatz	14 cm
Kohlmeise	

Bleib in Form!

4 Wandle um.

2 dm 6 cm = 26 cm
3 dm 1 cm = ___ cm
8 dm 5 cm = ___ cm

42 cm = ___ dm ___ cm
97 cm = ___ dm ___ cm
63 cm = ___ dm ___ cm

▶ Ü 87–90 Wiederholung: Zentimeter, Dezimeter, Lineal
3) Mögliche Weiterführung mit heimischen Vögeln.

21. Das kann ich schon!

1 Rechne.

35 + 10 =	47 + 30 =	28 + 20 =	18 + 30 =
35 + 18 =	47 + 36 =	28 + 25 =	18 + 33 =

2 Rechne und kontrolliere selbst die Lösungen.

24 + 31 =	73 + 19 =	64 + 30 =	51 + 29 =
57 + 28 =	26 + 47 =	37 + 34 =	28 + 25 =
65 + 16 =	41 + 25 =	56 + 27 =	28 + 44 =

Lösungen: 53 55 66 71 72 73 80 81 83 85 92 94

3 Rechne.

65 - 40 =	82 - 30 =	46 - 20 =	51 - 10 =
65 - 46 =	82 - 35 =	46 - 29 =	51 - 14 =

4 Rechne und kontrolliere selbst die Lösungen.

55 - 38 =	40 - 13 =	96 - 35 =	67 - 18 =
74 - 50 =	76 - 49 =	81 - 64 =	90 - 26 =
88 - 61 =	94 - 36 =	75 - 23 =	83 - 45 =

Lösungen: 17 17 24 27 27 27 38 49 52 58 61 64

5 Ergänze die Zahlenmauern.

[ ]
[ ] [51]
[35] [12] [ ]

[ ]
[34] [ ]
[ ] [18] [26]

[ ]
[ ] [ ]
[29] [24] [7]

[80]
[ ] [46]
[21] [ ] [ ]

[ ]
[ ] [ ]
[ ] [ ] [ ]

[75]
[ ] [ ]
[ ] [13] [20]

[ ]
[69] [ ]
[42] [ ] [4]

[84]
[ ] [ ]
[15] [19] [ ]

[ ]
[ ] [ ]
[23] [16] [35]

[ ]
[74] [25]
[ ] [ ] [9]

Wiederholung: Plus-und Minusrechnen, Zahlenmauern
5) Bei der leeren Zahlenmauer dürfen sich die Kinder selbst Zahlen ausdenken. Verschiedene Lösungen sind wahrscheinlich.

21. Das kann ich schon!

1 Die Kinder der 2a und 2b wollen einen Ausflug machen.
Das Schaubild zeigt, wofür die Kinder gestimmt haben.
Beantworte die Fragen.

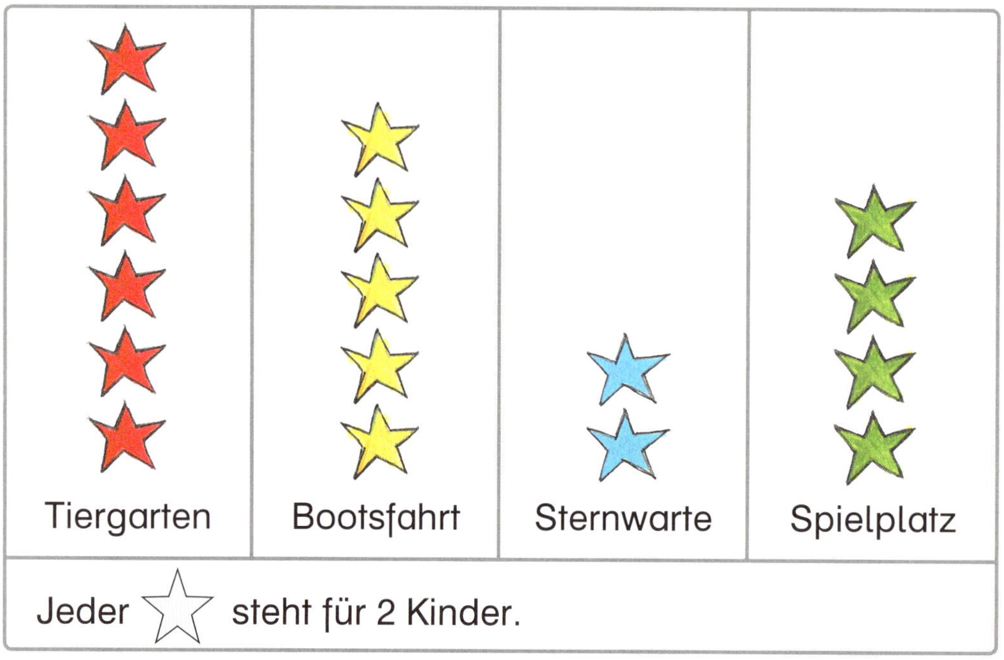

a) Wofür steht ein ☆ ? ______________________

b) Welches Ausflugsziel ist am beliebtesten? ______________________

c) Welches Ziel hat die wenigsten Stimmen bekommen? ______________________

d) Wie viele Kinder haben für den Spielplatz gestimmt? ______________________

e) Wie viele Kinder haben an der Abstimmung teilgenommen? ______________

Bleib in Form!

2 Spiel: Malreihen-Bingo

6	12	30
36	18	54
24	60	42

Schreibe Zahlen der 6er-Reihe in die Felder.
Du darfst keine Zahl doppelt schreiben.

Partnerspiel: Stellt abwechselnd Malaufgaben.
Du darfst das Ergebnis auf deinem Zettel einkreisen. Wer drei in einer Reihe hat, gewinnt.

Wiederholung: Schaubilder

21. Das kann ich schon!

1 Rechne. Was fällt dir auf?

2 · 4 =	2 · 7 =	2 · 6 =	2 · 8 =
4 · 4 =	4 · 7 =	4 · 6 =	4 · 8 =

2 Rechne. Beginne mit der einfacheren Aufgabe.

4 · 8 =	1 · 8 =	8 · 8 =	5 · 8 =
5 · 8 = 40	2 · 8 =	9 · 8 =	6 · 8 =
6 · 8 =	3 · 8 =	10 · 8 =	7 · 8 =

3 Löse die Aufgaben.
Wenn man eine Aufgabe nicht lösen kann, zeichne Ronni Ratz.

a) Gianni kauft 7 Schachteln mit je 6 Eiern.
Wie viele Eier sind das?

b) Peter hat 5 Fehler in seiner Hausaufgabe.
Michael hat ihm das schon 3 mal gesagt.
Wie viele Fehler hat Michael in seiner Aufgabe?

c) In ein Sackerl passen 6 Semmeln.
Wie viele Semmeln passen in 4 Sackerl?

4 Drei Zahlen, vier Aufgaben.

a) 8, 3, 24

8 · 3 = 24
3 · 8 = 24
24 : 8 = 3
24 : 3 = 8

b) 6, 9, 54

c) 7, 6, 42

d) 5, 8, 40

e) 3, 9, 27

f) Finde weitere Aufgaben.

Wiederholung: Malrechnen

Knobelaufgabe

★ Überlege, wie du die Knobelaufgabe lösen kannst.
Sprich mit anderen Kindern darüber.

Spiele mit der Zahlenmauer

Setze die Zahlen 1 bis 5
in der untersten Reihe ein.
Die Reihenfolge kannst du
bestimmen.
Rechne dann die Zahl
im grünen Feld aus.

1 Beantworte folgende Fragen:

a) Wie heißt die größte Zahl,
die im grünen Feld stehen kann?

b) Wie heißt die kleinste Zahl,
die im grünen Feld stehen kann?

c) Schreibe alle Zahlen auf, die im grünen Feld
stehen können. Wie viele sind es?

2 Vergleiche deine Ergebnisse mit anderen Kindern.

3 Sprich mit anderen Kindern darüber, wann die Zahl im
grünen Feld am größten oder am kleinsten ist.

22. Übersicht im Hunderter

1 Schätze, wie viele Glassteine auf der Decke liegen.
Kreuze an: ❑ mehr als 20 ❑ weniger als 20

CD3-7

schätzen,
mindestens,
höchstens

2 Schätze diese Mengen. Erkläre, wie du vorgegangen bist.

❑ mehr als 50
❑ weniger als 50

❑ mehr als 50 ❑ weniger als 50

❑ mehr als 100 ❑ weniger als 100

❑ mehr als 70 ❑ weniger als 70

Schätzen im Zahlenraum 100
1) Abenteuergeschichte
2) Die Kinder verwenden zum Schätzen Gruppierungen und deren Vielfache.
Weiterführung: Schätzspiele in der Klasse (z.B. Glas mit Murmeln)

22. Übersicht im Hunderter

1 Beschreibe, wo die Zahlen auf dem Zahlenstrahl liegen.

62

62 liegt ***zwischen*** 60 und 70.
62 liegt ***nahe bei*** 60.

zwischen,
nahe bei,
NZ Nachbarzehner

31 | 96 | 73 | 69

19 | 23 | 58 | 42 | 8 | 84 | 77 | 91

2 Nenne die Zahlen und ihre Nachbarzehner.

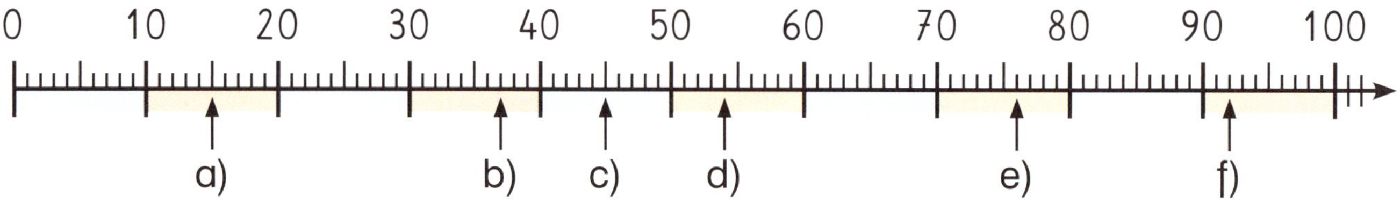

	NZ	Zahl	NZ		NZ	Zahl	NZ		NZ	Zahl	NZ
a)	10	15	20	c)				e)			
b)				d)				f)			

3 Nenne die Nachbarzehner dieser Zahlen.

___ 12 ___   ___ 86 ___   ___ 43 ___   ___ 57 ___   ___ 22 ___

Bleib in Form!

4 Rechne. Was fällt dir auf?

12 : 2 =	8 : 2 =	16 : 2 =	20 : 2 =
12 : 4 =	8 : 4 =	16 : 4 =	20 : 4 =

Orientierung am Zahlenstrahl, Nachbarzehner

22. Übersicht im Hunderter

1 In welchem Bereich des Zahlenstrahls liegen die Ergebnisse?
Erkläre, wie du überlegst und rechnest.

a) 50 + 15 B	c) 47 + 34	e) 75 - 68	g) 18 + 75
b) 47 + 34	d) 92 - 14	f) 32 + 8	h) 50 - 15

2 In welchem Bereich des Zahlenstrahls liegen die Ergebnisse?
Erkläre, wie du überlegst und rechnest.

a) 25 - 11	c) 52 - 14	e) 100 - 16	g) 19 + 19
b) 75 + 9	d) 52 - 39	f) 78 + 21	h) 35 - 20

3 ★ In welchem Bereich des Zahlenstrahls liegen die Ergebnisse?
Erkläre, wie du überlegst und rechnest.

a) Das Doppelte von 20.	e) Die Hälfte von 30.
b) Das Doppelte von 8.	f) Die Hälfte von 94.
c) Das Doppelte von 28.	g) Die Hälfte von 38.
d) Das Doppelte von 45.	h) Die Hälfte von 62.

Orientierung am Zahlenstrahl, Plus- und Minusrechnen
1) 2) 3) Vertiefung: Die Kinder erklären, wie sie vorgehen.

23. Mathematische Skizzen

Skizze,
Tabelle,
Schaubild

1 CD3-8

Schneckenbeobachtung

Cedric und seine Freunde haben vier Tage lang eine Schnecke beobachtet und gemessen, wie weit sie gekrochen ist.

Skizze

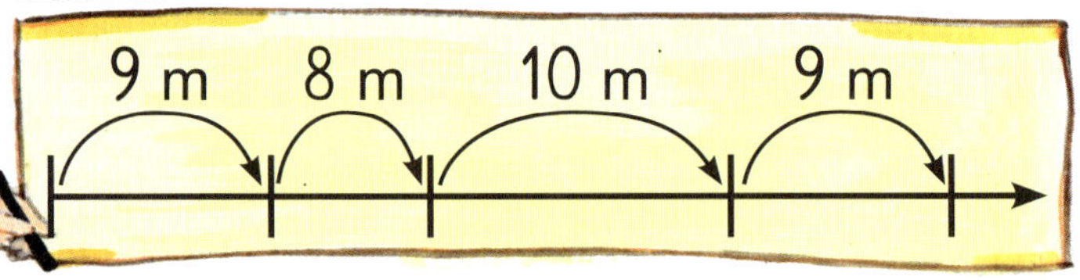

Tabelle

1. Tag	9 m
2. Tag	8 m
3. Tag	10 m
4. Tag	9 m

Schaubild

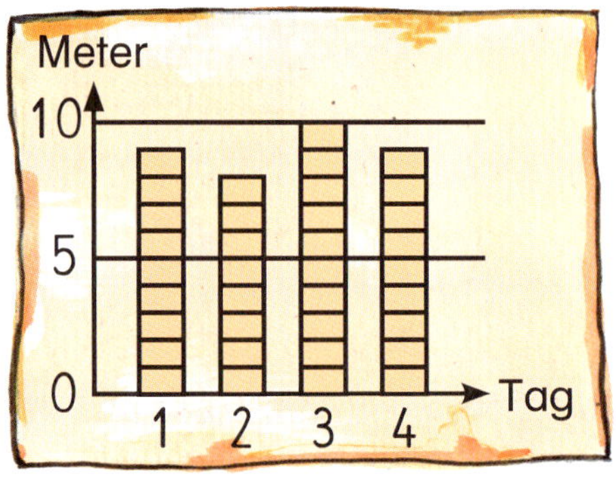

a) Welche Darstellung gefällt dir am besten? Warum?

b) An welchem Tag ist die Schnecke am weitesten gekrochen?

c) An welchem Tag ist die Schnecke am wenigsten weit gekrochen?

d) Finde weitere Fragen und beantworte sie.

Bleib in Form!

2 Ergänze die Zahlenmauern.

	65	
	17	
	10	

	99	
54		
	18	

26	34	
		25

	100	
	45	
23		

60		
35		15

Darstellungen: Skizzen, Tabellen und Schaubilder
1) Abenteuergeschichte

23. Mathematische Skizzen

1 Lea hat eine Schnecke beobachtet und eine Skizze angefertigt.
Stelle die Zahlen auch in einer Tabelle und in einem Schaubild dar.
Wie weit ist die Schnecke insgesamt gekrochen?

Skizze

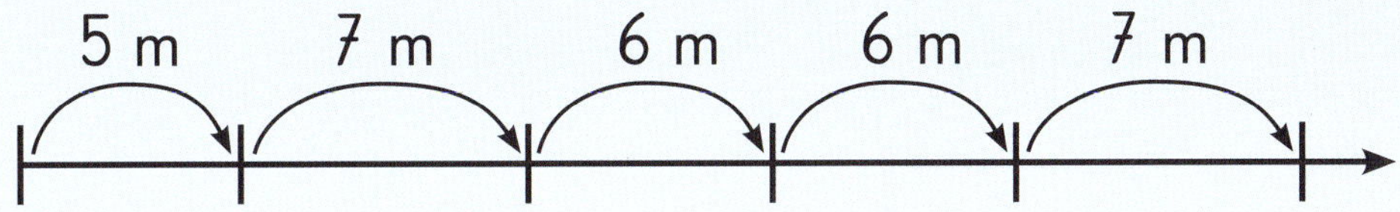

2 Uwe hat eine Schnecke 5 Tage lang beobachtet und eine Tabelle erstellt.

a) Erstelle eine Skizze.

b) Erstelle ein Schaubild.

c) Wie weit ist die Schnecke insgesamt gekrochen?

Tabelle

1. Tag	8 m
2. Tag	10 m
3. Tag	10 m
4. Tag	7 m
5. Tag	9 m

3 Kerstin hat über viele Stunden beobachtet, wie weit ihre Schildkröte gekrochen ist.

a) Erstelle eine Skizze.

b) Erstelle eine Tabelle.

c) Wie weit ist die Schildkröte insgesamt gekrochen?

Schaubild

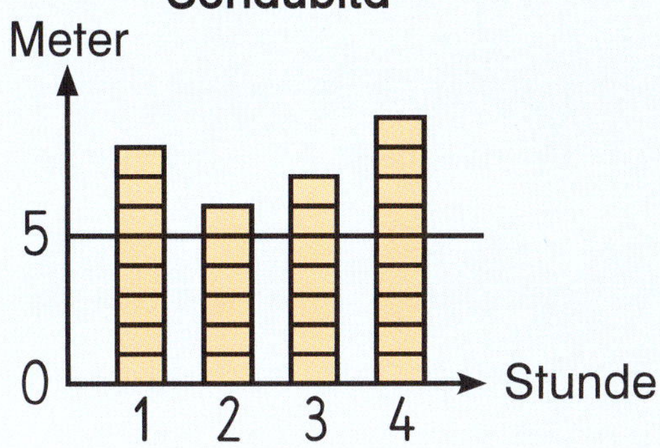

4 ★ Eine Schnecke ist in einen Brunnen gefallen.
Der Brunnen ist 20 Meter tief.
Die Schnecke kriecht jeden Tag 5 Meter nach oben.
In der Nacht, wenn die Schnecke schläft, rutscht sie wieder 2 Meter nach unten.

Am wievielten Tag erreicht die Schnecke den oberen Rand des Brunnens?

Beschreibe, wie du die Aufgabe gelöst hast.
Vielleicht hilft dir eine Skizze.

23. Mathematische Skizzen

1 Am Straßenrand parken drei Autos. Jedes Auto ist 4 Meter lang. Zwischen den Autos ist immer 1 Meter Platz.

a) Vergleiche die Skizzen von Hanna und Tina. Finde Vor- und Nachteile.

Hanna

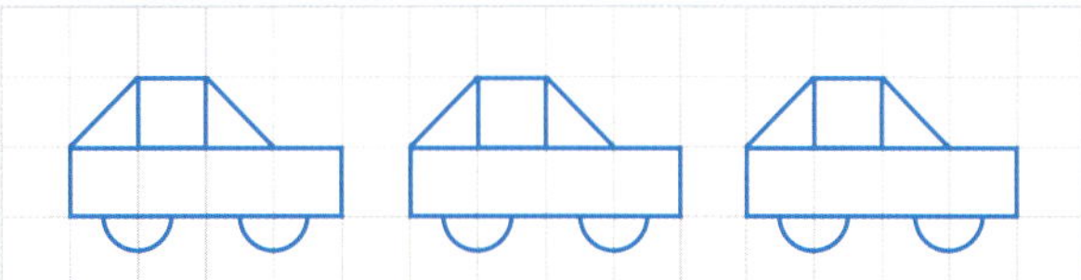

Tina

b) Wie weit ist es vom Beginn des ersten Autos bis zum Ende des letzten Autos? Beschreibe deinen Rechenweg.

2 Am Straßenrand parken vier Autos. Jedes Auto ist 5 Meter lang. Zwischen den Autos ist immer 1 Meter Platz.

a) Fertige eine Skizze an.

b) Wie weit ist es vom Beginn des ersten Autos bis zum Ende des letzten Autos?

c) Beschreibe deinen Rechenweg.

3 Ein 5 m langer Traktor hat zwei Anhänger mit je 7 m Länge, die Abstände betragen jeweils 1 m.

a) Fertige eine Skizze an.

b) Wie lang ist das gesamte Fahrzeug?

c) Beschreibe deinen Rechenweg.

Bleib in Form!

4 Finde die gesuchten Zahlen.

a) Der Vorgänger von 73 lautet ____ .

b) Der Nachfolger von 59 lautet ____ .

c) Der Vorgänger von 68 lautet ____ .

d) Der Nachfolger von 27 lautet ____ .

Darstellungen: Skizzen zu Sachaufgaben, Rechenwege

Malrechnen: 7er-Reihe

1 Von einer Malrechnung zur nächsten.

a) Zeichne oben: 5 · 7
darunter: 6 · 7

b) Zeichne oben: 2 · 7
darunter: 3 · 7

c) Zeichne oben: 10 · 7
darunter: 9 · 7

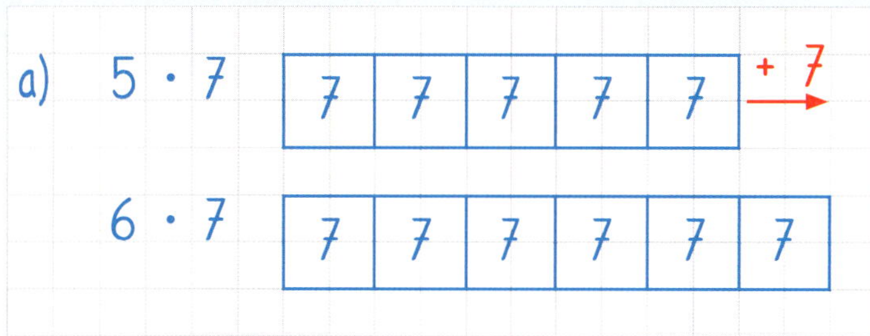

Nachbaraufgabe,
Tauschaufgabe

2 Rechne. Beginne mit der einfacheren Aufgabe.

4 · 7 =	1 · 7 =	8 · 7 =
5 · 7 = 35	2 · 7 =	9 · 7 =
6 · 7 =	3 · 7 =	10 · 7 =

CD1-14/18

Rechne die 7er-Reihe.

0 · 7 = ____
1 · 7 = ____
2 · 7 = ____
3 · 7 = ____
4 · 7 = ____
5 · 7 = ____
6 · 7 = ____
7 · 7 = ____
8 · 7 = ____
9 · 7 = ____
10 · 7 = ____

3 Rechne und bilde die Tauschaufgabe.

7 · 5 =	7 · 3 =	7 · 9 =
5 · 7 =		

4 Die sieben Zwerge gehen einkaufen.
Rechne aus, wie viel sie insgesamt kaufen müssen.

Jeder Zwerg soll
a) drei neue Bleistifte
b) fünf Murmeln
c) acht Luftballons
d) sechs Buntstifte
bekommen.

Malrechnen: 7er-Reihe
1) 2) 3) Besprechen Sie mit den Kindern die Strategien zum Lösen der Malrechnungen.

24. Wie schwer, wie viel?

Kilogramm (kg)
Dekagramm (dag)
1 kg = 100 dag

1 Gianni bäckt Kekse. Beantworte die Fragen.

CD3-9

a) Wie viel Mehl hat Gianni auf die Waagschale geschüttet?

b) Wie viel Mehl ist noch im Sack?

c) Wie weit reicht die Anzeige der Waage?

d) Wo wäre der Zeiger, wenn Gianni 3 kg 10 dag auf die Waagschale schütten würde?

2 Finde Gegenstände, die 1 kg schwer sind. Probiere aus!

____

____

Bleib in Form!

3 Ergänze die Zahlenmauern.

	80	
42		
		13

	90	
	35	
	22	

39	39	
		19

	96	
	0	

	100	
42		
	18	

Wägen, Massenmaße: kg und dag
1) Abenteuergeschichte
2) Wägen in der Klasse: Wenn möglich, sollte jedes Kind selbst Dinge abwägen.

24. Wie schwer, wie viel?

1 Ordne nach dem Gewicht.

leichter, schwerer, gleich schwer

60 dag

4 kg

25 kg

1 kg

25 dag

60 dag	4 kg	25 kg	1 kg	25 dag
		1.		

2 Rechne

1 kg - 10 dag = 90 dag	1 kg - 30 dag =	1 kg - 80 dag =
1 kg - 20 dag =	1 kg - 60 dag =	1 kg - 40 dag =
1 kg - 50 dag =	1 kg - 70 dag =	1 kg - 25 dag =
1 kg - 7 dag =	1 kg - 1 dag =	1 kg - 75 dag =
1 kg - 8 dag =	1 kg - 55 dag =	1 kg - 90 dag =

3 Hilf Gianni, die richtigen Gewichte auf seine Balkenwaage zu legen.

Das will Gianni abwiegen:	50 dag	20 dag	20 dag	10 dag	5 dag	2 dag	2 dag	1 dag
25 dag Mehl		X			X			
21 dag Kokos								
76 dag Zucker								
1 kg Butter								
49 dag Nüsse								
32 dag Cornflakes								

Massenmaße, Gewicht vergleichen
1) Die Kinder bilden Sätze wie z.B. „Die Katze ist schwerer als das Meerschweinchen."
3) Arbeiten mit Tabellen.

24. Wie schwer, wie viel?

1 Hilf Gianni beim Backen.
Welche Mengen braucht er?
Ergänze die Listen.

a) Vanillekipferl, doppelte Menge.

a) 25 + 25 = 50
50 dag Mehl
20 + 20 = 40
40 dag Butter

b) Linzer Augen, doppelte Menge

c) Kokusbusserl und Linzer Augen

d) Cornflakes-Kekse, doppelte Menge

e) Vanillekipferl und Cornflakes-Kekse

f) Kokusbusserl und Vanillekipferl

2 Wähle selbst aus den Rezepten von Aufgabe 1, was du backen möchtest.
Es müssen mindestens zwei Sorten Kekse sein.
Schreibe eine Einkaufsliste.

3 ★ In einem Sack sind 5 kg Mehl.
Der Bäcker nimmt erst 50 dag heraus,
dann 2 kg und danach noch 80 dag.
Wie viel Mehl ist noch in dem Sack?

Bleib in Form!

4 Ergänze die Zahlen in den Ronni Ratz-Maschinen.

·6 ↓ / ↑ :6

	7	3	4		
12					

·7 ↓ / ↑ :7

3	7	2			
			35		

24. Wie schwer, wie viel?

l Liter

1 Wie viele Liter könnten in diese Gefäße passen?
Ordne richtig zu.

1 l	1 l	2 l	5 l

2 Wie viele Liter passen …

a) in einen Kübel? ________

b) in ein Waschbecken? ________

c) in eine Vase? ________

Probiere es aus!

3 Aron hat einen Liter Wasser, einen Liter Öl
und einen Liter Sand abgewogen.

Wasser	Öl	Sand

1 kg	90 dag	1 kg 30 dag

a) Was war am leichtesten? ________________

b) Was war am schwersten? ________________

Liter
1) Weiterführung: Die Kinder bringen Gefäße mit in die Schule.
2) Experimente in der Klasse: Wenn möglich, sollte jedes Kind selbst experimentieren.

25. Rechengeschichten

1 Worüber wird geredet?

CD3-10

Was wäre, wenn …

Ändere die Geschichte so, dass sie ein gutes Ende nimmt.
Gibt es verschiedene Möglichkeiten?
Vergleiche deine neue Geschichte mit anderen Kindern.

Bleib in Form!

2 Ergänze immer auf 1 kg.

1 kg	
50 dag	
90 dag	
20 dag	

1 kg	
	40 dag
	70 dag
	10 dag

1 kg	
25 dag	
	65 dag
15 dag	

1 kg	
99 dag	
	4 dag
7 dag	

Sachrechnen; Modellieren
1) Abenteuergeschichte
Die Kinder können entweder den Betrag ändern, den Ronni Ratz ausgeliehen hat, oder die Beträge, die er zurückgezahlt hat. Verschiedene Lösungen sind möglich.

25. Rechengeschichten

1 Spiele diese Szene mit anderen Kindern nach.

Aufgaben verändern

Julia hat von ihrer Oma 100 Euro bekommen.
Sie kauft ein Aquarium um 70 €.
Dazu nimmt Julia noch eine Wasserpflanze
um 10 € und zwei Fische. Ein Fisch kostet 5 €.

a) Wie viel Geld hat Julia am Ende noch?

b) Ändere die Geschichte: Julia bekommt 90 €.

c) Ändere die Geschichte: Ein Fisch kostet 3 €.

d) Ändere die Geschichte: Das Aquarium kostet nur die Hälfte.

Beschreibe, wie du die Aufgaben gelöst hast!

2 Verwende die Informationen in der grünen Tafel.

a) Ludwig hat zwei mittelgroße Hunde.
Wie viele Packungen ***FressFress*** muss
Ludwig am Montag kaufen, damit er für
die ganze Woche genug Hundefutter hat?

b) Ändere die Zahl der Hunde
in der Aufgabe und löse sie erneut.

c) Ändere die Größe der Hunde
in der Aufgabe und löse sie erneut.

Beschreibe, wie du die Aufgaben gelöst hast!

Empfohlene Menge Hundefutter ***FressFress*** für jeden Tag	
kleiner Hund	1 Packung
mittelgroßer Hund	2 Packungen
großer Hund	3 Packungen

3 Im Tiergeschäft gibt es drei verschiedene Arten von Kratzbäumen für Katzen.

Der kleinste Kratzbaum kostet 28 €. Der mittlere Baum kostet doppelt so viel.
Der große Kratzbaum kostet 15 € mehr als der mittlere.

a) Wie viel kostet der große Kratzbaum?

b) Ändere den Preis des kleinsten Kratzbaums,
sodass der größte Kratzbaum weniger als 60 € kostet.

c) Ändere den Preis des kleinsten Kratzbaums,
sodass der größte Kratzbaum mehr als 80 € kostet.

Beschreibe, wie du die Aufgaben gelöst hast!

Sachrechnen; Modellieren
1) 2) 3) Weiterführung: Die Kinder vergleichen ihre geänderten Geschichten mit anderen Kindern und beschreiben, wie sie die Aufgaben gelöst haben.

25. Rechengeschichten

1 Finde Aufgaben zu diesen Antworten. Vergleiche deine Geschichten mit anderen Kindern.

a) Im Korb liegen noch 5 Äpfel.
b) Frau Huber bezahlt 32 €.
c) Die Lokomotive ist um 6 Meter länger.
d) Petra hat 3 € zu wenig.
e) Zusammen haben sie 100 Murmeln.

a) In einem Korb liegen 10 Äpfel.
Peter nimmt die Hälfte heraus.
Wie viele Äpfel sind noch im Korb?
R: 10 : 2 = 5
A: Im Korb liegen noch 5 Äpfel.

2 Finde Aufgaben zu diesen Rechnungen.

a) 15 + 8 b) 90 − 26 c) 6 · 4 d) 35 : 5

3 Finde eine leichte und eine schwierigere Aufgabe zu einem Besuch im Kino.

Kartenpreise	
Erwachsene	10 €
Kinder bis 14 Jahre	7 €
Kinomontag	
alle Karten	6 €

Popcorn		**Getränke**	
klein:	3 €	klein:	4 €
groß:	5 €	groß:	6 €

Bleib in Form!

4 Rechne und ergänze die fehlende Rechnung.

35 + 5 =	74 + 6 =	42 + 16 =	90 + 5 =
35 + 10 =	76 + 6 =	39 + 19 =	80 + 10 =
35 + 15 =	78 + 6 =	36 + 22 =	70 + 15 =
+ =	+ =	+ =	+ =

Sachrechnen; Modellieren
1) 2) 3) Verschiedene Lösungen sind möglich.
Weiterführung: Die Kinder vergleichen ihre geänderten Geschichten mit anderen Kindern und beschreiben, wie sie die Aufgaben gelöst haben.
3) Weiterführung: Die Kinder finden noch mehr Aufgaben – Gruppenarbeit.

26. Bauwerke

1 Wie viele Mauersteine braucht Aron, damit seine Treppe hoch genug ist?

CD3-11

Baue selbst mit Würfeln und probiere es aus!

2 Wie viele Würfel brauchst du für die einzelnen Bauwerke? Baue sie nach.

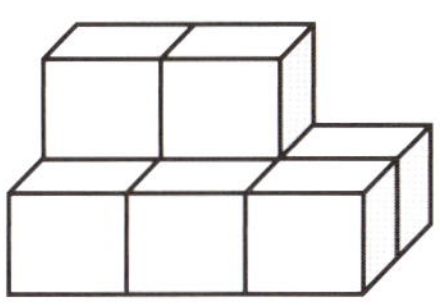

8 Würfel

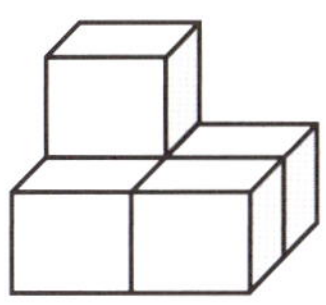

____

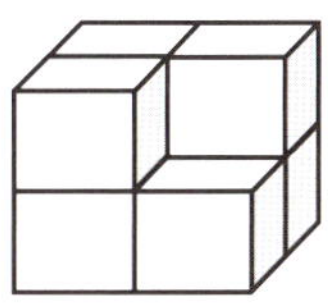

____

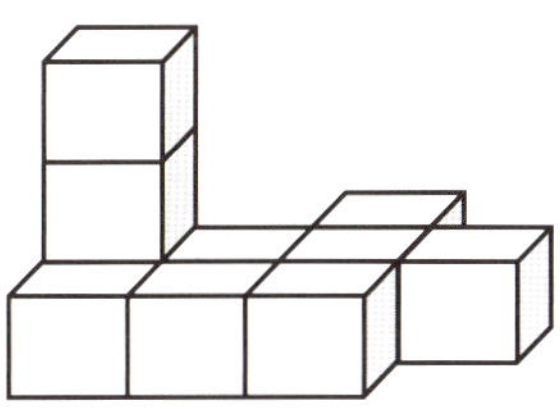

____

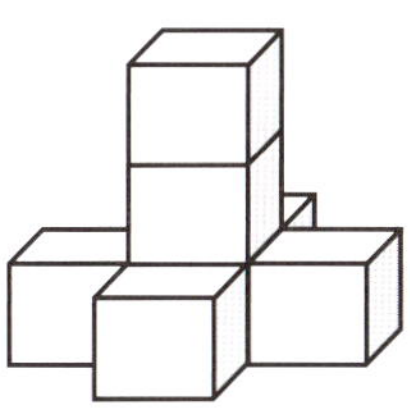

____

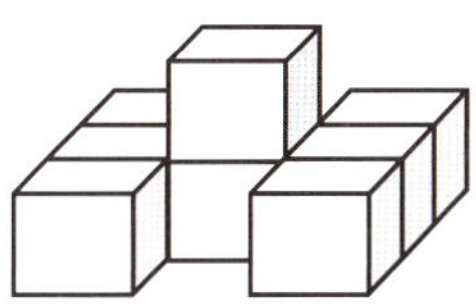

____

Würfel, Bauwerk

Geometrische Körper: Würfel
1) Abenteuergeschichte
Die Kinder lösen die Aufgabe mit Legematerial, Skizzen oder im Kopf.
2) Weiterführung Partnerspiel: Ein Kind erfindet ein Bauwerk, das andere baut es nach.

26. Bauwerke

1 Aus welchen Körperformen bestehen diese Gebäude?

_______________ _______________

2 Finde Dinge in deiner Umwelt, die kugelförmig oder würfelförmig sind.

würfelförmig,
kugelförmig,
Ecke,
Kante,
Fläche

3 Betrachte einen Würfel und zähle die Ecken, Kanten und Flächen.

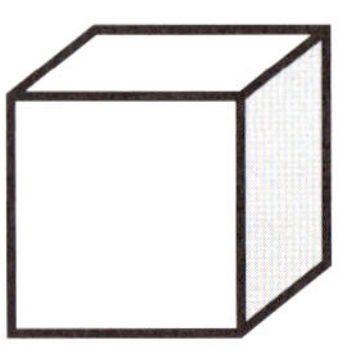

Ecken	Kanten	Flächen

Bleib in Form!

4 Rechne.

5 · 8 =	5 · 3 =	5 · 7 =	5 · 4 =
6 · 8 =	6 · 3 =	6 · 7 =	6 · 4 =

Geometrische Körper: Würfel, Kugel
1) Das linke Bild zeigt das Atomium in Brüssel, das rechte die Kubushäuser von Piet Blom.
2) Die Kinder sammeln möglichst viele Dinge in einer Liste, Partnerarbeit möglich (Kugel: Orange, Ball, ...)

26. Bauwerke

1 Male die Schüssel genau nach der Beschreibung an.

2 Welchem Kind gehört welcher Teller? Male die Teller richtig an.

27. Rechentricks

1 Löse die Rechnung und finde den Zahlencode.
Gibt es einen Trick?

CD3-12

2 Denke nach, bevor du rechnest.
Wie kannst du die Rechnungen vereinfachen? Erkläre.

a) 36 + 9 − 9 =
36 + 9 − 8 =

b) 79 + 6 − 6 =
79 + 7 − 6 =

c) 42 − 8 + 8 =
42 − 8 + 9 =

d) 67 + 14 − 14 =
67 + 14 − 13 =

e) 56 + 35 − 35 =
56 + 36 − 35 =

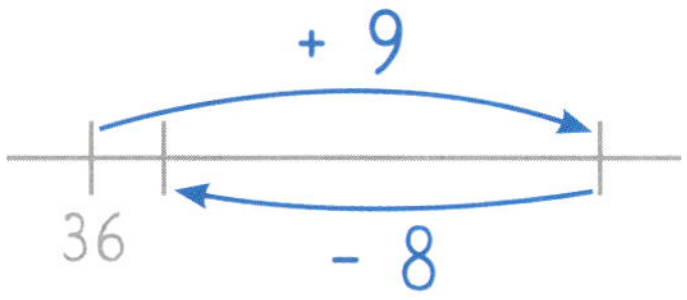

Bleib in Form!

3 Rechne.

10 · 6 =
9 · 6 =

10 · 4 =
9 · 4 =

10 · 7 =
9 · 7 =

10 · 8 =
9 · 8 =

Flexibles Rechnen: Plus und Minus
2) Als Unterstützung können die Kinder zu jeder Aufgabe einen Rechenstrich zeichnen (siehe Muster).

27. Rechentricks

1 Manche Rechnungen löst Nora mit dem Nachbarzahlentrick.
Erkläre, wie Nora rechnet.

57 + 19 = ☐
Das rechne ich anders …

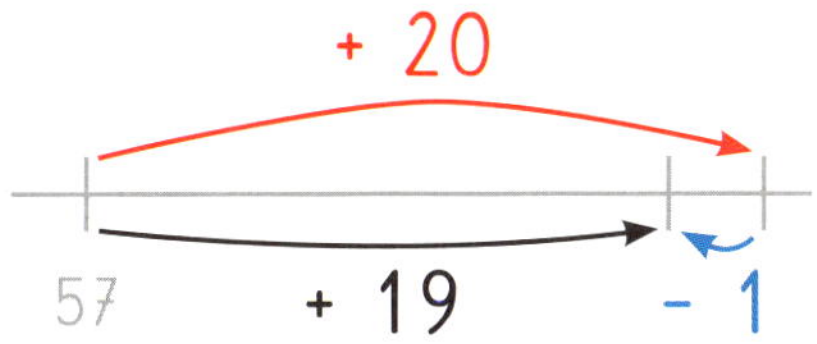

Nachbarzahl,
Nachbaraufgabe

2 Rechne.

57 + 20 = ☐	34 + 60 = ☐	72 + 10 = ☐	48 + 30 = ☐
57 + 19 = ☐	34 + 59 = ☐	72 + 9 = ☐	48 + 29 = ☐

3 Rechne. Nutze den Nachbarzahlentrick.

46 + 19 = ☐	52 + 29 = ☐	67 + 9 = ☐
35 + 39 = ☐	28 + 19 = ☐	58 + 39 = ☐
74 + 9 = ☐	16 + 59 = ☐	34 + 29 = ☐

4 Wie muss man den Nachbarzahlentrick ändern,
damit er auch bei Minusaufgaben funktioniert.
Rechne und erkläre.

53 - 10 = ☐	64 - 30 = ☐	85 - 20 = ☐	76 - 50 = ☐
53 - 9 = ☐	64 - 29 = ☐	85 - 19 = ☐	76 - 49 = ☐

5 Rechne. Nutze den Nachbarzahlentrick.

94 - 39 = ☐	47 - 19 = ☐	62 - 29 = ☐
75 - 19 = ☐	82 - 49 = ☐	96 - 9 = ☐
84 - 39 = ☐	57 - 19 = ☐	68 - 39 = ☐

Flexibles Rechnen: Plus und Minus
3) 5) Als Unterstützung können die Kinder entweder die Nachbaraufgabe zusätzlich aufschreiben und lösen oder einen Rechenstrich zeichnen.

27. Rechentricks

1 Frank macht immer wieder den gleichen Fehler.

a) Löse die Aufgaben richtig.

★ b) Worauf soll Frank in Zukunft achten?

65 + 9 = 47 f
42 + 4 = 64 f
23 + 8 = 13 f
74 + 9 = 38 f

2 Helge macht immer wieder den gleichen Fehler.

a) Löse die Aufgaben richtig.

★ b) Worauf soll Helge in Zukunft achten?

78 - 14 = 74 f
96 - 51 = 55 f
42 - 14 = 38 f
53 - 19 = 44 f

3 Sieglinde macht immer wieder den gleichen Fehler.

a) Löse die Aufgaben richtig.

★ b) Worauf soll Sieglinde in Zukunft achten?

65 - 29 = 34 f
48 - 19 = 27 f
93 - 49 = 42 f
37 - 9 = 26 f

4 Ruth macht immer wieder den gleichen Fehler.

a) Löse die Aufgaben richtig.

★ b) Worauf soll Ruth in Zukunft achten?

45 + 16 = 55 f
62 + 34 = 92 f
17 + 28 = 37 f
53 + 34 = 83 f

Bleib in Form!

5 Rechen – Rap

Übe die 4er-Reihe mit Musik.

CD1-12/18

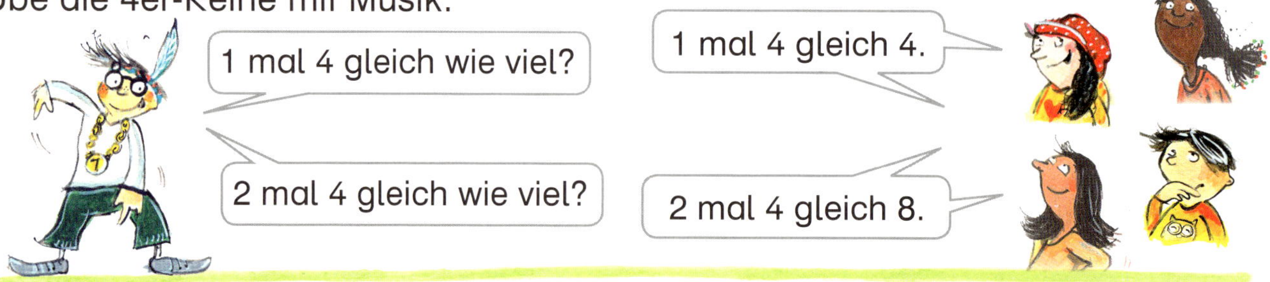

Plus- und Minusrechnen: in Rechnungen Fehler finden und erklären
jeweils Aufgabe b) Die Kinder formulieren einfache Ratschläge erst mündlich, dann schriftlich.

27. Rechentricks

1 Setze die Zahlenreihen fort.
Beschreibe die Muster erst mündlich, dann schriftlich.

a) 36, 45, 54, 63, ___, ___

b) 24, 29, 34, 39, ___, ___

c) 12, 24, 36, 48, ___, ___

d) 100, 85, 70, 55, ___, ___

2 Erfinde Zahlenreihen.

1. Schreibe die ersten Zahlen einer Zahlenreihe auf ein Blatt Papier.
2. Auf die Rückseite schreibst du, wie die Reihe weitergeht.
3. Ein anderes Kind beschreibt deine Reihe und sagt, wie sie weitergeht.

3 Beschreibe diese Zahlenreihe. 60, 55, 50, 45, 40, 35

a) Ändere die erste Zahl auf 61. Wie ändern sich die anderen Zahlen?

b) Ändere die erste Zahl auf 58. Wie ändern sich die anderen Zahlen?

c) Ergänze den Satz:

„Wenn ich die erste Zahl um 4 größer mache, dann …"

4 ★ Finde die fehlenden Zahlen in diesen Zahlenreihen. Beschreibe, wie du die Lösungen gefunden hast erst mündlich, dann schriftlich.

a) 54, ___, 66, ___, ___, 84

b) 44, ___, ___, 32, ___, 24

c) ___, 52, ___, 28, ___, 4

d) ___, ___, 54, ___, 76, ___, 98

5 Rechne und finde die fehlenden Aufgaben.
Beantworte die Fragen zu den Päckchen.

a)
54 + 13 = ___
55 + 12 = ___
56 + 11 = ___
___ + ___ = ___

Warum bleibt das Ergebnis immer gleich?

b)
35 - 10 = ___
40 - 20 = ___
45 - 30 = ___
___ - ___ = ___

Wie weit kann man diese Rechnungen fortsetzen?

Muster in Zahlenreihen und Rechenpäckchen
1) 4) 5) Weiterführung: Die Beschreibungen werden schriftlich verfasst und nicht nur mündlich.

28. Das kann ich schon!

1 Lies den Text und beantworte die Fragen.

CD3-13

a) Wie viele Menschen sind an Bord des Schiffes?

b) Wie viele Dosen bleiben übrig, wenn sich jeder Mensch auf dem Schiff eine Dose nimmt?

c) Sind mehr Matrosen als Köche auf dem Schiff?

d) Sind mehr Pferde als Ziegen auf dem Schiff?

e) Finde selbst noch eine Aufgabe und löse sie.

Bleib in Form!

2 Anna, Wilhelm und Pit zählen ihr Geld.

Anna: 50 €, 5 €, 2 €, 2 €, 1 €

Wilhelm: 50 €, 20 €, 1 €

Pit: 20 €, 20 €, 20 €, 5 €, 2 €

a) Wie viel Geld haben Anna, Wilhelm und Pit?

b) Wer hat mehr Geld: Anna oder Pit? Um wie viel mehr?

28. Das kann ich schon!

1 Rechne mit kg und dag.

a) Heidrun stellt sich mit ihrer Schultasche am Rücken auf die Waage.
Die Waage zeigt: 32 kg.
Wie schwer ist die Schultasche, wenn Heidrun 28 kg wiegt?

b) Peter hat eine Katze. Sie wiegt 2 kg und 40 dag.
Andreas Katze wiegt 3 kg.
Um wie viel ist Andreas Katze schwerer als Peters Katze?

c) Auf einem Ast sitzen zwei Papageien.
Der eine wiegt 1 kg, der andere ist um 30 dag schwerer.
Wie schwer sind beide Vögel zusammen?

d) In einem Sack sind 25 kg Erde.
Die Gärtnerin nimmt erst 5 kg, dann 7 kg
und zuletzt noch 4 kg heraus.
Wie viel Erde ist noch in dem Sack?

2 Finde Fragen und löse die Aufgaben.

a) Drei Freunde teilen eine Packung mit 18 Keksen.

b) 50 Leute wollen mit der Seilbahn auf einen Berg fahren.
In einer Gondel haben 8 Leute Platz.

c) In einem Lagerraum stehen fünf Kisten Mineralwasser.
In jeder Kiste sind 6 Flaschen.

d) Petra, Ida und Susanne kaufen gemeinsam
einen Volleyball. Der Ball kostet 27 €.

3 Kann das stimmen? Begründe deine Antwort.

a) Theo erzählt: „Mein Fahrrad kostet 499 €.
Dazu hat mir meine Mama noch einen Helm und eine Hupe gekauft.
Alles zusammen hat dann rund 400 € gekostet.“

b) Lisa behauptet:
„Als ich gestern in den Bus gestiegen bin, war er halb voll.
Dann sind ein paar Leute eingestiegen und
doppelt so viele sind ausgestiegen. Dann war der Bus voll.“

Wiederholung Sachrechnen, kg – dag
3) Vereinfachung: Die Aufgaben werden gemeinsam besprochen, die Kinder schreiben keine Begründung.

28. Das kann ich schon!

1 Wie heißen die markierten Zahlen?

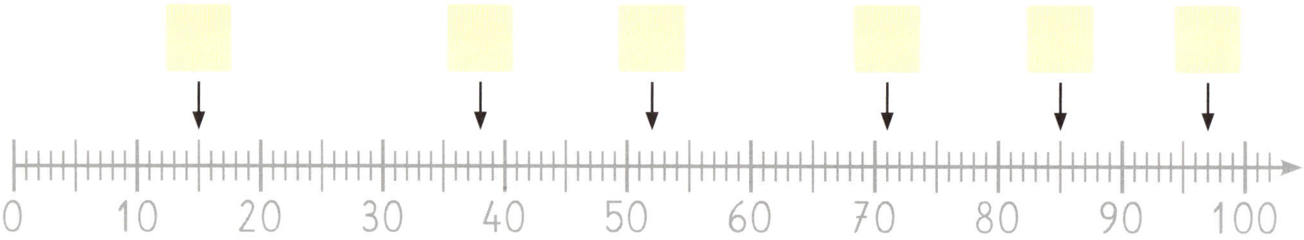

2 Drei Zahlen, vier Aufgaben.

a) 12, 35, 47

12 + 35 = 47
35 + 12 = 47
47 − 12 = 35
47 − 35 = 12

b) 22, 76, 98

c) 85, 15, 100

d) 49, 23, ?

e) 65, 18, ?

f) Finde weitere Aufgaben.

3 Rechne.

57 + 21 =	19 + 56 =	74 − 31 =	80 − 16 =
23 + 72 =	36 + 14 =	95 − 23 =	90 − 38 =
61 + 11 =	27 + 57 =	87 − 16 =	42 − 18 =
33 + 14 =	63 + 18 =	53 − 33 =	63 − 29 =

Bleib in Form!

4 ★ Löse die Zahlenmauern.

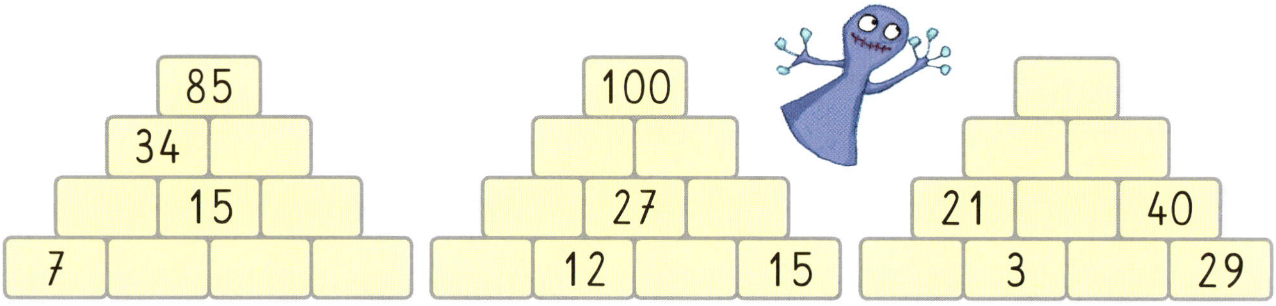

28. Das kann ich schon!

1 Rechne.

14 : 2 = ___ , weil ___ · 2 = 14   40 : 8 = ___

25 : 5 = ___ , weil ___ · 5 = ___   54 : 6 = ___

28 : 7 = ___ , weil ___   15 : 3 = ___

2 Drei Zahlen, vier Aufgaben.

a) 20, 4, 5

4 · 5 = 20
5 · 4 = 20
20 : 5 = 4
20 : 4 = 5

b) 3, 9, 27

c) 7, 8, 56

d) 6, 5, 30

e) 3, 4, 12

f) Finde weitere Aufgaben.

3 ★ Löse die Sikakus.

		3		
4			6	
	2			
	8			
				2

	1		3	
5	4			
				6
	2			
	4			

	9		4	
			1	
		4		3
4				

		16				1
	4					
	4					3

		12			9	
		5			2	

Knobelaufgabe

★ Überlege, wie du die Knobelaufgabe lösen kannst.
Sprich mit anderen Kindern darüber.

1 Sommerträume

a) Wie viel Eis wirst du diesen Sommer essen?

b) Wie oft wirst du schwimmen gehen?

c) Wie viele Nächte wirst du nicht zuhause schlafen?

d) Wie viele Stunden wirst du in diesem Sommer lesen?

Fermi-Aufgabe
Verschiedene Lösungen sind möglich; Beschreibung des Rechenweges und der getroffenen Annahmen sind wichtiger als das Ergebnis.